まるわかり 保育の記録

はじめに

子どもたちが帰った後で「あのときこうすれば、もっと良かった」「あの子はどうしたのだろう？」と思うことがあります。こうした振り返りは「記録」をしないと記憶が薄れてしまいます。日々の仕事では様々な記録を書きながら「提出のため」とか「義務だから」と感じる保育者も多いようです。

本書では、記録に苦手意識をもつ保育者でも「楽しく書ける記録」を紹介していきます。

　第1章では、今日の保育の振り返りから、明日の保育につなげる記録
　第2章では、様々な記録を紹介し、自分に合ったスタイルを見付ける
　第3章では、日々の記録を指導計画や要録、保護者支援などに生かす工夫

などについて書いています。保育を振り返り記録を書くことで、自分自身の保育のスキルアップに必ずつながります。思わず書いてみたくなる保育記録をあなたも見付けませんか？　そして、記録をより良い保育のため、指導計画などに生かしませんか？　時間短縮にもつながります！

本書の特長・見方

記録の書き方や、種類、生かし方などを解説！ これで記録をマスターしましょう。
実際に園で書いた記録もたくさん紹介します！

1 記録って何を書けばいいの？ が解決！

記録を書くときに押さえておきたい視点や書き方を紹介。ここさえ押さえておけば、子どもの姿がきちんと捉えられて、ほかの場面にも生かしていけます！

先輩保育者が実際に書いた記録を紹介しながら解説。具体的に学べて、これで安心。

2 自分にぴったりの記録が見付かる！

どんな特長がある記録で、いつ使えばいいのかがすぐに分かる！

まず「やってみよう」と思える記録をバリエーションたっぷりに紹介＆解説します。文章を書くのが苦手な人でも安心です。自分にぴったりで楽しい記録のとり方がきっと見付かります。

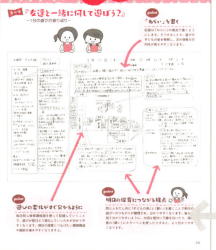

考え方や書き方、記録が更に良くなるポイントをたっぷり紹介。

2

3 記録の生かし方が分かる！

「記録を書く時間がとれない」
でも、大丈夫。本書を参考にして書いた記録を様々な場面に活用して時間短縮につなげましょう。

> 記録を生かした指導計画などの書き方が分かり、時間短縮にもつながる！

> 記録から様々な場面にどう活用していくのかが具体的に分かる！

> 現場の保育者が記録で困ったことを解決！Q&A付き！

もくじ

はじめに ・・ 1
本書の特長・見方 ・・・・・・・・・・・・・・・・・・・・・・・・・・・・・・・ 2

序章 記録を知ろう！ ・・・・・・・・・・・・・・・・・・・・・・ 6

❶ 保育記録って何に役立つの？ ・・・・・・・・・・・・・・・・ 8
❷ 保育と記録の関係性って何？ ・・・・・・・・・・・・・・・・ 9
❸ 子どもの発達と記録の関係性 ・・・・・・・・・・・・・・・・ 10

1章 分かる！ 書ける！ 記録の書き方サポート ・・・・・・・・・・・・・ 11

実際の記録を見てみよう！ ・・・・・・・・・・・・・・・・・・・・ 13
記録を捉え直そう！ ・・・・・・・・・・・・・・・・・・・・・・・・・・ 14
ステップ1　実態（ありのままの姿）を捉える ・・・・・・ 15
ステップ2　保育者の願いをもつ ・・・・・・・・・・・・・・ 17
ステップ3　明日の援助を考える ・・・・・・・・・・・・・・ 18
まとめ　視点を押さえて保育に生かせる記録に！・・・ 20

記録の書き方のヒント① ・・・・・・・・・・・・・・・・・・・・・・ 22

2章 きっと見付かる！自分にぴったりの記録方法♪ …… 23

- **まずは、記録が書ける"メモ"をとろう！** ……… 26
  - 個人記録 …………………………………… 28
    - ★文章型成長記録 ……………………… 29
    - ★表型記録 ……………………………… 30
    - ★期ごとの記録 ………………………… 31
  - MAP型記録 ………………………………… 32
  - 活動別記録 ………………………………… 34
  - 遊びの記録 ………………………………… 36
  - エピソード記録 …………………………… 37
  - 連絡帳 ……………………………………… 38
  - チェックリスト …………………………… 40
    - ★子どもの発達 ………………………… 40
    - ★生活習慣 ……………………………… 41
- **保育写真を撮るコツを知ろう！** ……………… 42
  - ポートフォリオ・ドキュメンテーション …… 44

記録の書き方のヒント② ………………………… 48

3章 記録が○○に役立つ！？ラクラク記録活用術 …… 49

- **様々な場面に生かせる記録とは…？** ………… 52
  - 児童票 ……………………………………… 55
  - 指導計画 …………………………………… 58
  - 要録 ………………………………………… 62
  - 保護者支援 ………………………………… 68
    - ★クラス便り …………………………… 68
    - ★保育懇談会 …………………………… 70
  - まとめ ……………………………………… 72

保育者からの記録のお悩み解決コーナー ……… 74
工夫してみよう！ 記録・要録の様式 ………… 78

序章

① 保育記録って何に役立つの？

毎日の保育をより良くしていくために保育記録の必要性や記録にとって大切なことを確認していきましょう！

子どもの理解を深める

例えば、好きな遊びが見付からない、自分から何かしようとする姿が見られないなどで、子どもの行動や気持ちをもっと知りたいと感じたときは、小さな手掛かりに気を留めることから始めましょう。保育中の子どもの姿や「おや？」と思った言動、遊びの中の気付き・発見を「記録」することを通して、子どもの理解を深めていくことができるのです。

保育者自身の関わりを捉え直す機会に

日々の保育を改善するために、保育記録からの振り返りを大切にしましょう。保育者自身の言動を、子どもの視点で捉えていく保育の振り返りができると良いですね。

子どもの姿は、保育者との関わりの下に表れる姿です。保育記録を通して、保育者自身の考えていたことや関わり方などについても考察する必要があります。

保育の質を高めていく

保育記録を振り返ることで、子どもたちの関係性が改めて見えてくることもあります。また遊びや生活の中でいざこざが多いときは、記録を振り返り、保育日誌につなげてみましょう。すると、子どもたちのありのままの姿が読み取れていなかったことに気付き、一人ひとりの考えや思いを受け止めていくことに役立ちます。子どもの変容を記録し振り返り続けることで、日々の保育実践の質を高めることが可能になります。

② 保育と記録の関係性って何？

保育における記録って？

　日々の保育は、「子どもの理解に基づく指導計画の作成」「環境の構成と活動の展開」「子どもの活動に沿った必要な援助」「反省・評価」を行ない、それが翌日の保育に反映・展開され、【P（計画）D（実践）C（評価）A（改善）】サイクルの中で行なわれています。この過程は、日・週・月（期）・年の単位でも繰り返されます。

　これら保育実践の過程において記録するという作業が重要な役割を担っています。

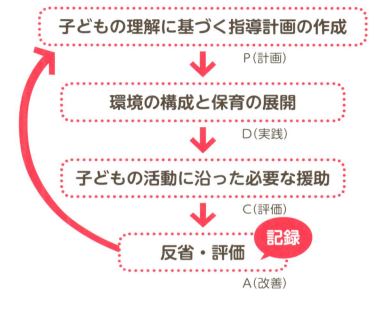

更に保育の改善につなげて！

　指導計画のねらいや環境・援助が子どもの発達に合っているのかを見直すときは、目の前の子どもの遊びや生活の様子を記録しておくことが大切です。

　また、保育終了後に、子どもたちは何に興味・関心があるのか、何を楽しんでいるか、どのような育ちがあったかなどを振り返りながら、保育者自身の環境の構成や援助について、記録に基づいた反省や評価を行ないます。評価は個々に行なわれるだけでなく、園内研修などで記録を共有しながら同僚と協働的に行なわれることもあり、新たな理解につながったり、保育者一人ひとりが成長していく機会になったりしています。記録をとることは、保育者自身の保育を自覚し、更に改善していくために不可欠なものと言えます。

序章 ❸ 子どもの発達と記録の関係性

子どもの発達と保育の記録　0・1・2歳児

保育所保育指針では、乳児保育に関わるねらい及び内容が以下※のように記載されています。乳児は、心身の発育や歩行の確立、言葉の習得など、様々な側面で人間としての基本的な発達が著しく、個人差も大きいです。一人ひとりの発育・発達の様子も異なるため、日常の様子を記録に残しておくことが必要です。

年齢が小さければ小さいほど細やかな観察と健康状態を把握する手段として、一人ひとりの記録（体調・食事・排せつ・睡眠時間・遊び など）に残します。記録に残すことで保護者からの問い合わせに明確な対応ができたり、保育者間で情報を共有したりして、日々の保育の向上につながります（※も参考にしましょう）。

子どもの成長と記録の楽しみ　3・4・5歳児

子どもたちの生活から、何に興味・関心をもち、遊びをどのように広げ、深めているのか、遊びの傾向や生活の取り組み方・変化などを丁寧に見ていくことが必要です。発達の理解は活動する姿を見るだけで難しく、子どもの行動や言葉、しぐさや表情など、表面に表れたことを手掛かりにして、初めて理解できることです。

幼児教育の基本は子ども一人ひとりの特性に応じることであり、心の状態や保育者が設定した具体的なねらいが、どのように表れているのかも個別に捉えなければなりません。平成30年度施行の教育要領、保育指針、教育・保育要領で明確化された「幼児期の終わりまでに育ってほしい姿」（10の姿）を参考にしましょう。記録を残すことで日々の子どもたちの成長や「10の姿の育ち・芽生え」が見えて分かり、保育者自身も楽しみながら振り返ることができます。

● 10の姿

健康な心と体	自立心	協同性
道徳性・規範意識の芽生え	社会生活との関わり	
思考力の芽生え	自然との関わり・生命尊重	
数量や図形、標識や文字などへの関心・感覚		
言葉による伝え合い	豊かな感性と表現	

※『保育所保育指針』（平成30年4月施行）より引用
　乳児保育に関わるねらい及び内容　（1）基本的事項
ア　乳児期の発達については、視覚、聴覚などの感覚や、座る、はう、歩くなどの運動機能が著しく発達し、特定の大人との応答的な関わりを通じて、情緒的な絆が形成されるといった特徴がある。（略）
イ　（略）乳児保育の「ねらい」及び「内容」については、身体的発達に関する視点「健やかに伸び伸びと育つ」、社会的発達に関する視点「身近な人と気持ちが通じ合う」及び精神的発達に関する視点「身近なものと関わり感性が育つ」としてまとめ、示している。
ウ　本項の各視点において示す保育の内容は、第1章の2に示された養護における「生命の保持」及び「情緒の安定」に関する保育の内容と、一体となって展開されるものであることに留意が必要である。

1章

分かる！書ける！
記録の書き方サポート

実際の記録を見てみよう！

記録のステップでは、「記録」を通して子どもの実態を捉え、一人ひとりの興味・関心などを読み取り、発達を理解していく大切さを学びます。後から見直したときや指導計画などを書くときに、活用しやすい記録になるような工夫をしましょう。

記録のステップ…詳しくは次のページから紹介

きょうこ先生の記録

ステップ1　実態（ありのままの姿）を捉える

ステップ2　保育者の願いをもつ

4歳児　きりん組　　11月13日（月）　天候：☀　出席：23名　欠席：4名

〈リレー→しっぽ取り〉〈幼児の姿〉
・身支度が早く済んだ男児を中心に折り返しリレーを始める。次第に女児も集まり、数人がしっぽ取りの準備。遊びがスタート。(20分ほど)

〈読み取り〉　行事等
・折り返しリレー・しっぽ取りが共通の遊びに。
・朝から身体を動かすことの気持ち良さを感じている。満足感を味わえるようにしたい。
・必要な準備を子どもたちだけでけでない、主体的な遊びとなっている。

〈今後は……〉
朝の運動タイムは子どもたちの(体力向上だけでなく、主体性・友達関係・遊びのひろがり…と様々な面で成果が見られている。
→行事との絡みを考慮しつつ、引き続き時間を確保していきたい。

〈作品展に向けて〉
・他のクラスの作品(海底都市の紙粘土＋これから作る予定の人形)を見に行き、「一緒に飾れるといいね」と伝えると描きたい物の具体的なイメージがいろいろと出てきた。
・一学期の魚の塗り絵や絵本の内容を思い起こすように促したことで、よりイメージを具体的にもっていく様子も見られた。

〈絵の具コーナー〉

〈評価〉
・遠足の経験がつながっている子どももいる。イメージをもちにくい・なげにくい子どもには遠足の経験から働き掛けても良いかもしれない。
・2週間前の絵の具の経験から筆の扱いに慣れている＆乾いてからクレヨンで描くことが分かっている。
→安心して自分を表現することにつながっている。

〈今後は……〉
・今日は13名が作品展の製作に取り組んだ。
・自分の順番がくることを楽しみにしている＆色塗りを楽しみにしているので間隔をあけずに作成をすすめたい!!(意欲が下がる前に)
・しかし、描画(運筆、イメージの表出など)に個人差がある。
作品展がゴールではないので好きな遊び、一斉活動など折を見て、経験をつんでいけるようにしたい。

〈取り組み〉
・好きな遊びの中で順番に取り組むことを知らせ、5〜6人ずつ取り組む。
・テラスに場を設定したことで落ち着いて取り組めていたと思う。
・飾られることを想像しながら、描くこともできていた。イメージを膨らませて伸び伸びと表現する姿を目指したい。

ステップ2

ステップ3　明日の援助を考える

この記録からステップ1〜3を捉えていきましょう！

13

記録を捉え直そう！

> 指導計画作成などに生かす
>
> ### 「実態」を読み取るための視点
>
> 幼稚園教育指導資料第5集『指導と評価に生かす記録』（文部科学省）では、子どもの心情や経験を理解する視点として次の内容をあげています。
>
> ▶ 人・もの・ことなどの環境へのかかわりはどうか
> ▶ 何に興味・関心をもち、どのような遊びの課題をもっているか
> ▶ 生活への取り組み方はどうか　など

「実態」＝「子どものありのままの姿」です。記録をとるまでの流れを見ていきましょう！

ちなみに…
私の記録は子どもの姿しか書けてなかったです。

あかり先生の保育記録（4歳児　2月）

- 好きな遊びの中で、けんじは友達に「もう遊ばない」と言われたと勘違いして、保育者に訴えて来た。その度に、けんじと友達の両方の思いを聞き、言葉にして伝えると、互いに笑顔になり遊び始めた。
- 誕生会の司会や、誕生児へのプレゼント作りの投げ掛けをすると、クラス全体からいろいろな意見は出るが、いざ活動し始めると、ほかの遊びに移ってしまった。
- 女児（ゆみこ、ともみ、えり、ちか）は、友達関係を広げて遊ぶ姿が見られた。仲良しの4人の関係を調整しながら、ほかの友達とも関わる姿を大切にしている。しかし、寄り添って遊んでいたい様子でままごとコーナーにずっといた。

そうね。子どもの姿の羅列の「〜した。〜した。」っていうしたした記録になっているわ！これだと、クラスの子どもたちの遊びや生活が見えづらくなって、実態を捉えるのは難しいわよ。指導計画作成などに生かすための記録のステップを紹介するわね！

次の記録のステップ1〜3では

PDCAサイクルとともに見ていきましょう。今日の保育のねらい（**PLAN**）を立てて保育実践（**DO**）をした後の振り返り・評価（**CHECK**）をすることから見ていきます！

分かる！書ける！記録の書き方サポート

実態（ありのままの姿）を捉える

保育は、子どもたち一人ひとりが、保育者や多くの友達との集団生活の中で、周囲の環境と関わり、発達に必要な経験ができるように援助する営みです。そして、保育における実態とは、子どもと保育者が創り出す、園生活のありのままの姿であるといえるでしょう。

CHECK（評価）をする

11月13日の保育（4歳児）

きょうこ先生の保育を事例に、見ていこう！

この日はこんなことがありました！

リレー→しっぽ取り

- 登園の身支度が早く済んだ男児を中心に折り返しリレーを始める。次第に女児も集まり、7〜8人で楽しむ。数人がしっぽ取りの準備を始め、走っている子たちに声を掛け、しっぽ取りに移行。20分ほど遊んだ。

作品展（テーマ：海底都市）へつなげて

- 他クラスの作品（海底都市用の紙粘土＋これから作る予定の人形）を見に行き、「一緒に飾れると良いね」と伝えると、描きたい物の具体的なイメージがいろいろと出てきた（カバ、マンボウ、タコ、船、水上バス など）。
- 7月に経験した魚の塗り絵や絵本の内容を思い起こすように促したことで、イメージをより具体的にもつ様子も見られた。

チェックしよう！ 子どもたちをよく見てみよう☆

実態を読み取るための視点（P.14）を具体的に考えてみましょう。子どもたちが楽しんでいること、どんな遊びをしているかなどのほかに、以下のような視点でも見てください。

☑ **子どもたちの関係性を見ようとしている？**

子ども同士の関係性をよく見て、具体的な言葉を取り上げ、どのようにつながっているのか、記録に残す工夫をする（簡単なメモをとる）。

POINT 保育者も遊びに入ったり見守ったりして、子どもたちの生活に共感する心持ちをもちましょう。

☑ **遊びのきっかけや展開は？**

遊びの中の創意・工夫や子どもが「おもしろい」「やってみよう」「どうしよう」と心を動かしている姿に気付き、きっかけの場面や遊びの展開を見ていく。

☑ **生活の把握はできている？**

一人ひとりの生活（衣服の着脱、所持品の始末、食事、排せつ、遊びの片付けなど）を把握しておく。

☑ **保育者がしたことに子どもの反応はどうだったか？**

保育者の行為やことばがけに対して、子どもたちはどう受け止めて、行動していたかを見ていく。

改めて子どもの姿を捉え直すと…

- ●楽しんでいること
  - 【友達と同じ場所で遊ぶ】
  - 【絵の具で好きな絵を描く】など
- ●夢中になっている遊び
  - 【好きな遊び（水族館などのごっこ遊び）】など
- ●繰り返し楽しんでいる遊び
  - 【折り返しリレー、しっぽ取り】など
- ●子どもたちの関係性
  - 【やりたいことが同じ友達と関わりを楽しむ】
  - 【一緒にいたい友達のそばにいる】など

- ●遊びのきっかけや展開
  - 【7月の塗り絵の経験→絵の具で想像しながら描く】など
- ●生活習慣
  - 【身支度や所持品の始末を進んで行なう】など
- ●保育者がしたことへの子どもの反応
  - 【テラスに場を設定→落ち着いて取り組む】
  - 【朝から体を動かす→楽しそうにしていた】など

好きな遊びを継続することで子どもたちも作品展への関心が高まり、他クラスの作品から更に、イメージが湧いてきていました。

記録をとろう！ 読み取り

リレー→しっぽ取り

- ●登園後は早くリレーに参加したい子どもや、友達との会話を楽しむ子どもなどで、身支度に差がある。
- ●朝から体を動かすことが気持ち良い・楽しいと感じている子どもが多い。
- ●折り返しリレーもしっぽ取りも、クラスの共通の遊びとなっている。

作品展へつなげて

- ●テラスに場を設定したことで、ほかの遊びの影響を受けることなく、落ち着いて取り組めていたと思う。
- ●好きな遊びの中で、順番に行なうことを知らせ、5〜6人ずつで取り組む。
- ●作品展に向けての話の内容を受け、飾られることを想像しながら描くこともできていた。

ほかの保育者と話したり、記録を見せ合ったりすると、互いの思いや知らない子もの姿を共有できるわよ！

CHECK 評価

今日の保育についての評価・反省をします。振り返ることで明日の保育をどうするかが具体的に見えてきます。

保育を振り返り、子どもの興味・関心などを読み取ります

　忘れないうちに実態とその実態から保育者が読み取ることを「メモ」に残す（P.26〜27参照）ことも工夫の一つです。その後「保育を振り返り」、子どもの姿を読み取るための視点をもって見ることが大切です。また保育者によって読み取りも異なります。保育者間で共有していくことも大切です。

ステップ2 保育者の願いをもつ

保育は人と人との関係で成り立っています。「保育者と子どもの信頼関係」「子ども同士の友達関係」「異年齢との関わり」「保護者との関係」「親子関係」など、子どもを取り巻く状況は様々です。保育への願いを考える際は、自分の保育に対する思いが必要です。子どもを自ら育つ存在として捉え、「一人ひとりの良さと可能性の発揮」を見つめていく姿勢が大切です。

「保育者の願い」は、もちろん保育者によって様々です。クラス運営や子どもの育ちなど、願いを書くことで次は何をしたら良いかが見えてくるわよ。

保育者の願いを考えるにあたって…
以下のような視点から考えましょう。

（ 遊びの場面では ）
遊び始め、展開、変化、広がり、再展開、拡散、収束（片付け）、継続などの場面では？

（ 生活の場面では ）
生活習慣、毎日の保育のつながり、意欲的・主体的に活動していく様子は？

（ 人との関わりでは ）
個人、仲良しの友達、生活グループ（当番や係活動など）、クラス全体、学年全体、異年齢、保護者、地域の人々との関係性は？

（ クラスでの取り組みでは ）
クラス全体での活動、行事、クラス経営など、集団で動くときの子どもの取り組み方や様子、役割などは？

一人ひとりの良さと可能性の発揮を目指して

POINT 創造性、感性、主体性、好奇心、探究心など、幼児に育てたい姿をイメージしながら、保育者の願いを考えましょう。

記録をとろう！保育者の願い

保育の中の遊び
- 子どもたち一人ひとりが自分の思いや考えを伝えながら、遊びや生活に取り組めるようにしたい。
- 友達と一緒に遊ぶこと（作品展も含む）を楽しみ、満足感を味わってほしい。
- みんなで過ごす中で海のイメージを膨らませて、伸び伸びとした表現を目指したい。

ステップ3 明日の援助を考える

保育者の願いを受けて明日の保育はどう進めていくか、どんな環境を設定するのかなど、評価・改善から明日の保育のねらいを立てて援助を考えます。

ACTION（改善）を考える

ステップ2までで記録としては十分ですが、ステップ3まで書くと、指導計画などにより生かせるようになるわ。

記録をとろう！ 評価・改善

リレー→しっぽ取り

- 遊びに必要な準備を子どもたちだけで行なうことができ、主体的な遊びとなっている。行事との関わりも考慮しつつ、引き続き時間を確保していく。

作品展へつなげて

- 遠足（水上バス・水族館）の経験を生かしている子どももいるが、イメージをもちにくい、広げにくい子どもに対しては、遠足の経験から働き掛けると良いかも。他クラスの様子を見に行き、更にイメージが膨らむようにしたい。
- 2週間前に、絵の具でたくさん遊んだことで筆の扱いに慣れている。また乾いてからクレヨンで色を付けることが分かっている。このことを基に安心して「表現すること」につながっている。

ACTION 改善
更に良い保育にするために子どもたちにどんな経験をしてほしいかなど、明日の保育を考えます。

この日の姿から、次の日のねらいを以下のように押さえました。

明日のねらいを考えよう

- 友達と関わって遊びを楽しみ、自分の思いやイメージを表現して遊ぶ。
- 海の生き物や水上バスなどのイメージを膨らませ、絵の具を使って伸び伸びと描く。

PLAN 日案のねらい
子どもたちの姿から、次の日のねらいを設定しましょう。活動や子どもの姿から何が読み取れたかな？

記録をとろう！明日の援助

- 先週からの遊び（リレーやごっこ遊び）や作品展に向けての活動の場面で子どもの気付きや発見を受け止め、ともに驚いたり、喜んだりする。
- 園生活の中で保育者自身も驚いたことや、感動したことをクラスの子どもたちに伝える。
- 遊びを提案したり、困っているときはどうしたら良いかを考えたりする。
- 遊びの中でのいざこざが乗り越えられるように、それぞれの思いを受け止め、相手の思いに気付いたり、考えたりできるようにする。

続　PLAN　援助
次の日のねらいから、どのような援助が必要なのかを考えていきます！

- 絵の具やパスを使って絵を描く場面では、まだ個人差がある。自分なりの表現が伸び伸びと楽しめるようにする。
- 自分から取り組もうとする気持ちを受け止めて、認めたり励ましたりする。
- 行事（作品展）に向かう活動は、『目に見えない環境』として捉え、この機会に一人ひとりの子どもの良さや個性が十分に発揮できるように配慮する。

DO　次の日の保育実践
保育者の願いから考えた次の日のねらいを実践していきます。保育が子どもの実態に応じて、改善されていきます。

まとめ 視点を押さえて保育に生かせる記録に！

PDCAサイクル

PLAN（ねらい・計画）
- ★子どもの実態に応じた指導計画を立てる。
- ★一人ひとりの子どもの良さを生かし、発揮できるようにする。
- ★ねらい・内容を設定する。

DO（保育実践）
- ★先週（月・日）から連続している遊びや生活を踏まえ、子どもの生活をつないでいくようにする。
- ★その意図を環境に込め、環境の構成をする。
- ★遊びを通して行なう総合的な指導を展開していく。
- ★保育（1日の展開）の仮説をもつ。
- ★具体的な援助をする。

CHECK（評価）
- ★先週（月・日）末の子どもの姿から、クラスの実態を読み取り記録する。
- ★保育の振り返りを行なう。

ACTION（改善）
- ★記録を基に、なぜそうなったか子どもの興味・関心・欲求を探る。
- ★今日の保育を明日につなげ、必要な経験を得ていけるようにする。
- ★環境の構成や保育の工夫をする。

更に、園内研修などの機会に「記録」を基に学び合い、多くの保育者の見方に触れることで、幼児理解が広がったり、深まったりするわ。

0・1・2歳児の場合は…

以下の点に注意して記録をとるようにしましょう。

人との関わり

❶保育者との関わり
この年齢での人との関わりの基本は、保育者との愛着関係を築き、信頼関係の下で情緒が安定し、過ごせるようにすることです。言葉で思いを伝えられないので、目線や顔の表情、声、体全体を使って気持ちを表そうとします。その思いを察して対応できるよう、記録していきます。

❷子どもとの関わり
周りの友達や大人にも興味・関心を示したり、友達が泣いているとそばに寄っていき、顔をのぞき込んだり頭をなでたりします。また玩具の取り合いや、かみ付きをする子どももいます。成長とともに友達との関わりも広がっていく姿を書き留めましょう。トラブルが生じたときは、子どもの思いを言葉にして受け止め、援助していきます。

生活面のこと

❶0・1・2歳児保育は、一人の保育者が小人数を担当し、一人ひとりと丁寧に関わりながら様子を観察することから始めていくと良いでしょう。

❷生活面のことでは、食事、排せつ、着替え、保健面など、生きるための基本に関する内容。運動面のことでは、全身の動き（手足・手指）でその日に見られた発達の様子などを観察しつつ、アッと思った瞬間を（小さなことでも）書き留めます。

❸個人差が大きいので、一人ひとりの成長の姿を記録することが大切です。

※ P.10『保育所保育指針』の引用を参考にしましょう。

分かる！書ける！記録の書き方サポート

指導計画を書く手掛かりに記録が重要！

　子どもの姿や言動、表情、行動の小さなことにも気を留め、共感をもって理解しようとすることは、思っているほど簡単ではありません。
　一方で「幼児期の教育の基本は、一人ひとりの発達の特性に応じる」といわれます。指導計画を作成する際には、幼児理解を基に子ども自身が環境に働き掛け、必要な経験を積み重ね、成長を遂げていく姿を捉える必要があり、その手掛かりとして「記録」は大変重要な役目を果たします。また、子どもの発達する姿と照らし合わせて、保育者の関わりが適切であったかを評価し、「保育者はどのように環境を構成したり、援助をしたりすれば良いのか？」を省察することが求められます。子どもの姿を通して保育を振り返り、ねらいや内容を見直し、保育を実践し、評価・改善していくプロセスが今、重要視されています。

視点をもって記録をとることで指導計画などの基礎資料になる！

　日々の「記録」から、振り返りや保育を構想する営みを継続することは、保育力の向上にもつながります。ただ、書き方やその内容が問題となります。「記録」は残せば良いというわけでもなく、活動の羅列や保育者の思いだけの内容では、保育の改善は図れません。
　保育者はどのような願いをもって、園生活をともにしているのか、遊びの援助をしながら、どのような考察をしていたかなどを明らかにする必要があります。指導計画作成（月案・週案・日案）などの基礎資料として、役立つ保育記録が重要なのです。

21

記録の書き方のヒント 1

5W1Hを意識

メモや記録を書くときは「5W1H」を意識して書きましょう。いつ(When)、誰が(Who)、どこで(Where)、何を(What)、なぜ(Why)、どのように(How)していたのかを押さえるように！

プラス表現に

子どもたちの姿を捉えるときは、「遊びに参加できていなかった」などのマイナス表現(否定語)ではなく、「ほかの友達を興味をもって見ていた」などプラス表現(肯定的)に捉えるようにしましょう。

誰が見ても分かるように

要点とキーワードを押さえて書きます。誰が見ても分かるように具体的に記し、自分の振り返りにはもちろん、保育者間で子どもの育ちの共有や研修のためにも役に立つようにしましょう。

2章
きっと見付かる！自分にぴったりの記録方法♪

まずは、記録が書ける"メモ"をとろう！

① 記憶に頼らないメモを！

NG 情報だけを書き留める

> 作品展　導入
> テーマ　主任・他クラスの担任と相談
> 何に興味がある？
> 子どもたち……水族館が好き

単語だけをひたすら書いています。このメモからは、作品展のどんなことを考えていくのかが分かりづらいですね。後で見返したとき、思い出せますか？

OK 後で見返したときに分かるように書く

> ○月△日 作品展の導入について
> ○テーマは何にするか？
> 　→ 主任・他クラスの担任と相談する
> ○興味をもっていることから導入につなげる
> ○今の子どもたち → 海の生き物に興味がある様子
> 　　　　　　　⇒ 遠足（水族館）へ行った経験から

日付や矢印などを使い、このメモから何を導き出したいのか、何を思ってこのメモを残したのかが分かるような工夫をしましょう。

そのメモを見返している自分を想像しましょう。ただただメモをしただけでは、後で見たときに忘れてしまうことも多いと思うので、注意しましょうね。

メモを見て思い出せるように工夫をして、記録が書き出せると良いわね。今の子どもたちの姿はどんな様子かなどをメモしておくと記録につなげやすくなるわよ！

❷ ふきだしを活用する！

 NG ひたすら羅列して書く

> ○月△日
> A児はB児と遊びたそうにしていたが、A児とB児のけんかが始まってしまった。A児はB児をうまく遊びに誘えず、B児に手を出してしまった。「いれて」が言い出せなかった。

 OK ふきだしを活用する

> ○月△日
> A児とB児がけんか 〔一緒に遊びたかった〕
> A児はB児に手を出してしまった。〔「いれて」が言い出せなかった〕

何が事実なのか、何が保育者の読み取りなのか区別してメモに残しましょう。メモを見返したときに、読み取ったことが事実だったと勘違いしてしまうこともあるので、注意して書くと良いですよ。

❸ 見出しで振り返りやすく！

 NG 内容が具体的すぎる・内容が少なすぎる

OK 要点をまとめて見出しを付ける

要点をまとめたメモを残すことも大切ですが、更に「○○を発見！」「初めての○○」など分かりやすい「見出し」を付けることで内容を思い出すときのヒントになります。

また、「重要」「急ぎ」のことに印を付けたり、メモの中で子どもたちの姿は「○」、環境のことは「▲」など、何のことが書いてあるのかが見て分かるようにしましょう。記録を書くときや振り返りのときに役立つわよ！

個人記録
（P.78・79の様式参照）

個人記録のキホン☆

1年を通してクラスの子どもたち全員を対象に書く成長記録です。成長・発達や行動、遊び、人間関係、情緒の傾向、健康、生活習慣などの項目について定期的に記録します。ありのままの姿を具体的に書くことが大切です。年齢が小さいほど、日々、子どもの成長が著しいので、詳しく記録に残すようにしましょう。

こんなときにはこのタイプの記録で！

- 一人ひとりの成長の様子や心情を読み取りたい
- 保育日誌と連絡帳もまとめて書きたい
- ほかの保育者にも自分の担当の子ども一人ひとりに適切な対応をしてほしい
- 要録にもつながるようにしたい

記録をとろう！

少しの変化も成長の証（あかし）！
日々の子どもたちの姿を記録し、ちょっとした変化に気付けると、記録の楽しみにつながります。

今日の出来事などを読み取る
記録の形式は決まっていない。遊びや生活の中で子どもたちの様子を観察し、しぐさ、言葉、おもしろい動き、子ども同士のほほえましいやり取りなど、様々な出来事や心に残ったことなどを書く。

記録をみんなで共有する
健康面での状況や日々の様子などを、担任同士や職員間で把握できるように細かく書いておく。

明日の保育につなげる
一人ひとりの健康状態を知ることで、翌朝の受け入れ時に、保護者との話題にできる。また、子どもたちの喜ぶ玩具や遊びなどを用意し、自分から遊びだせるような環境や援助を考える。

文章型成長記録

テーマ 『満足するまで遊びたい！』
～いつもと違う変化に気付く～

point 遊びの広がりに着目して
ペットボトルに水を入れやすい柄杓(ひしゃく)型の容器を使わず、プリンカップで入れている子どもの姿があります。そこからどのように遊びが広がっていくか？ ということに注目しました。

氏名： 竹田 結衣

2歳8ヶ月　7月
　水遊び。こだわりの強い結衣ちゃんの行動を気にして観察していた時のこと。バケツの水を小さなカップでペットボトルに入れようと夢中で遊んでいた。いっぱいになった水をどうするのか観察をしていると、咲ちゃんが突然倒して水をこぼしてしまった。結衣ちゃんは怒らずに、また水を入れ続けた。水が溜まっていくことのおもしろさを感じているように思う。満足するまで楽しさ、次の行動にスムーズに移ることができるように援助をしていく。

point 満足するまで楽しむ
いつもなかなか部屋に戻ろうとしない子どもが、好きなだけ遊んだので、スムーズに保育者の声掛けに応じて部屋に戻って行きました。満足するまで遊べると、声掛けに応じてくれることも職員間で共有したいことです。

テーマ 『これからいっぱい歩こうね！』
～成長の姿を捉えて～

point 保護者との連絡は共有する
歩行の始まりは、子どもの成長発達の大きな節目です。この日は保護者とともにその瞬間に立ち合い、喜びを分かち合うことができました。保護者に伝えたことは、職員間で把握できるように、記入します。

氏名： 北野 愛

1歳1ヶ月　9月
　つかまり立ちからちょっと移動したり、立ったりしていたがなかなか一歩が出せずにいた愛ちゃん。その日は片手で棚をつかみ、近くの玩具を触りに手を離し、2歩ほど歩いた！ 愛ちゃんはニコニコ笑い、得意げな顔をしていた。その後も何度か2～3歩歩いていた。
　お迎えにきた保護者にさっそく報告。すると愛ちゃんも保護者に向かって歩く。同じ場面を一緒に見ることができて保護者も喜んでいた。引き続き保護者と共有して、発達の姿を伝えていく。

個人記録

表型記録

(P.76の様式参照)

新学期当初など、まず一人ひとりがどんな子どもなのかを把握したいときに使うことが多い形式です。また製作などのクラス全体の活動で、一人ひとりがどんな様子だったのかを書き留める際に利用しやすい記録の方法です。

テーマ 『個人の遊びや行動をチェック！』

point
言葉や行動の特徴が分かるように

一人ひとりがどんな遊びに興味や関心をもっていたのか、話した言葉や行動などを書いておきましょう。また保育者の関わりも書いておくと、今後の指導の方法を考えるときに役立ちます。

3歳児 そら組 記録	5月2日（火）	天気（☀️）	出席14名 欠席3名	〈欠席理由〉

あき	かなた	かのん	しゅんすけ	〈本日のねらいと内容〉
自分のやりたいこと、もう終わりにしたいことなどを保に伝えてくるようになってきた。	注意がそれてしまうこと興味はあるが、視覚的情報よりも聴覚的情報のほうが入りやすいかも。（今は他児の助けが出来ている。）	登園じゅんびがやや遅めなこともあるが、少し身支度を忘れやすく、他児の遊びが気になる前に保が丁寧に声をかけていく。	プラレールを◯の形にしようと一人でとりくむ。近くの友だちの存在も気にし、かなたともかかわっていた。	2日(火) 子どもの日の集い 8:45 登園、挨拶 所持品の始末
しょうこ	ちか	ともひろ	なな	9:15 子どもの日の集い・好きな遊びをする（保育室・テラス・前庭）
自己主張がはげしい。怒り、喜びなどを素直に出せる。物の取り合いが増えてきたので母チェックしていく。	かなた、ともひろ、にいななど友だちの名前をよく言っている。人とかかわりたい気持ちが出てきている。	部屋でミニカーをしてから砂場へ保の声に反応し砂場でできるコトを保に分かっていても自分のやりたいことをしている。	欠席	10:15 柏餅を食べる
にいな	のぞむ	まさこ	みか	10:50 降園準備
兄に会いたいと泣きそうになりながら登園。砂場をやれるコトが分かると喜んで出ていく。	初めて9時すぎに母と登園父のときより、甘えず自分でやろうとする。全てのコトにおいて保がほめることがとても効果的!!	かしわもちを楽しみに登園。しかし、めいと一緒に座ったときにお茶をこぼしてしまったことを引きずっていた。	パットなしで登園。保が何度かさそうが、今日は一度も出ず。しかしもらしてもいないので間隔が広いのもあるが、水分も足りてない?!	11:10 タ靴に履き替える 11:20 降園 ★上履き持ち帰り日
みなみ	めい	りくと	りんたろう	れん
欠席	トンネルの中で寝転んでみたり、自分だけ後ろ向きになってみたりと色々なことをやってみようとする。	自分のことを「くっくん」と言っている。親の話によると、小さい頃からりくとから派生したとのコト。	欠席	砂場はやらず、（汚れるのがイヤなようだ）一人でも積木で遊ぶ。かしわもちはペろっと一番に食べる

〈反省・明日の保育に向けて〉
☆こいのぼりトンネル…こいのぼりに見立てて、穴の中を通れる遊具を出す。高速で通る幼児もいれば、ハイハイ通る幼児もいて、とても面白かった。今日は1つ出したが、来週は様子を見て、もう2、前庭などに出し様々な幼児が経験できるようにする。
☆のぞむについて…少し不安感がつよい。保が意図的にりくとと遊びが分かれるように誘ったり、「2くみで遊びたい」ということを受け入れたりしつつ、自分のやりたい遊びができるように配慮する。

その他〈保護者関係、ケガ、特別支援関係など〉
のぞむ…保が他児に注意を促していることも全て自分だと受けとめつつある。また、りくととはなれたいようだ。しゅんすけ、やりくとの遊びは、イメージでどんどん進んでいくがのぞむはそれについていくことができていないこともプチ登園担否の要因かも。

point
なか・なか・記入できない子どもには明日じっくり関わろう！

1日を振り返ったときに、どう過ごしていたのか、あまり思い出せない子どもの姿もあります。そんなときには、明日じっくり関わるようにしましょう。

point
個人の技能の把握に役立てよう

運動面や製作活動など、クラス全体の活動の際に個人の取り組みがチェックできます。これらを把握することによってクラスの傾向や援助で不足している点などを振り返って見ることができます。

きっと見付かる！ 自分にぴったりの記録方法♪

期ごとの記録

（P.77の様式参照）

子どもの生活する姿に観点をもって、園生活の節目ごとに記録をしていくと、保育者は援助の方向を見いだせるようになります。

テーマ 『一人の育ちを追って見てみよう』

4歳児　氏名　山下　周太　　生年月日【2月27日】

	4月〜8月	9月〜12月	1月〜3月
遊びへの興味・関心	入園当初は保育者や友達の様子を見ていることが多かった。5月初旬砂場で遊ぶことに興味をもち始めた。	砂場で遊ぶことが大好きでけんたを誘い、水を運んだり、樋を並べたりして夢中になって遊ぶ。	【遊びへの興味・関心】【友達関係】一緒に遊びたい友達ができた。けんた、たいち、りゅうなどと中型積み木で乗り物を作り、好きな遊びを楽しむ姿が見られた。
友達関係	入園前から、交流があったけんたとともにいる。	けんたやとおると同じ遊びをすることが多いが自分の思いを伝えるのは苦手。	
基本的な技能の獲得	簡単な道具の扱いは上手くできる。（ハサミを使って紙を切る。砂場で型抜きを使い、砂を詰めるなど）	製作活動で使用する道具（セロハンテープ、ホッチキス、絵の具）など自分で思うように使える。	短縄跳びで繰り返し、前跳びに挑戦している。遊び終わってからも縛ってしまえる。
クラス全体の活動	絵本や紙芝居が大好きである。	クラス全体でリズムや体操をするなど、身体を動かして遊ぶことを喜ぶ。	2月の生活発表会では劇遊びで、サルの役を伸び伸びと表現した。
基本的な生活習慣（食事、排せつ、衣服の着脱、手洗い・うがいなど）	できることは自分でやろうとする。	衣服の着脱、食事の準備手洗い、うがいなど自分なりに最後まで取り組む。	【基本的な生活習慣】【保護者との連携】第2子が誕生し家族が増えた。母親の送迎が多くなり、身支度などがはやくなった。
その他・保護者との連携	保護者及び祖父母で送り迎えをしている。		
健康・安全・アレルギー（食事・午睡など）	卵アレルギーがある。（除去食を提供）	戸外遊びに進んで取り組み鬼遊びや縄跳びなどが大好きである。	良好である。
【保育の目標】	園生活を保育者や友達と楽しめるように	自分の思いを言葉で相手に伝えていく	様々な経験をする中で伸び伸びと活動する

point 発達する姿を読み取る姿勢を大切に！

日々の子どもの姿や発達していく様子を読み取り、保育者と子どもの温かな関係性を育みましょう。プラスの見方をしていくことで、一人ひとりの成長を楽しみに捉えられますよ。

point 行動の内面を読み取る

子どもたちの行動を外面から見るだけではなく、何を思ってその行動をとっていたのかなど、内面を理解し、意味を読み取ろうとする記録が大切です。

MAP型記録
(P.80の様式参照)

MAP型記録のキホン☆

1日の保育場面で、どこで、誰が、誰と、どのような遊びをしていたのか、何を経験していたのか、保育環境に位置付けた物です。子ども同士の人間関係に加えて、遊びと遊びのつながりが分かり、空間的な環境構成を一体的に見ることができるところが良い点です。

こんなときにはこのタイプの記録で！

- 保育の次の方向性を導き出したい
- 遊びに誰が入ったか、子ども同士の関係はどうなのかを読み取りたい
- 遊びと遊びのつながりや関係を見ていきたい
- 環境への関わり方や保育者の援助を振り返りたい
- 指導計画に活用したい

記録をとろう！

保育環境MAPから広げていく

遊びの経験を記録に書きながら理解していくことができ、保育の次の方向性を導き出せます。まずは遊びに着目！

① 中央に保育環境を書いた用紙を準備する
保育室の枠を中央に書き、環境を書き込めるようにしておく。その日の遊びや誰が遊んでいるかを記入する。

② 遊びでの子どもの姿を書き加える
遊びの中で子どもたちがどのような経験をしているのかを書き加えていく。

③ 保育者の願いを書き込む
②を基に子どもの発達を見通した保育者の「願い」を書き込む。

④ 1日の流れを書く
1日の流れを書いておくと、遊びへの移行の様子やクラス全体の活動との関係が分かりやすくなる。

※戸外遊びの場合は①に園庭MAPを書きます。

きっと見付かる！ 自分にぴったりの記録方法♪

テーマ 『友達と一緒に何して遊ぼう？』
～1日の遊びの振り返り～

point 「ねらい」を書く
記録は「ねらい」の視点で書くようにします。そうすることで、遊びや子どもの姿を考察し、次の保育の方向性が見えやすくなります。

point 遊びの変化がすぐ分かるように
毎日同じ保育環境図を使って記録していくことで、遊びが翌日どう変化していったかが分かりやすくなります。明日の保育につなげたい環境構成や援助を導きやすくなりますよ。

point 明日の保育につながる視点
同じふきだし内に「子どもの姿」と「願い」を書くことで明日の遊びへのつながりが整理され、分かりやすくなります。後から見て分かりやすいように、大切な部分に下線を引いたり、保育者の「願い」にカラーペンを使ったりすると、より分かりやすくなります。

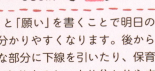

活動別記録

活動別記録のキホン☆

子どもの主体的な遊びの姿を一枚の紙に記録することで、子どもたちが様々な力を発揮しながら遊んでいることに気付きます。子ども同士や保育者の関わりによって、遊びが変化していったことにも気付けますよ。子どもたちの姿から、いろいろな発見を読み取ることができ、遊びのおもしろさを感じられる記録です。

こんなときにはこのタイプの記録で！

- 子ども一人ひとりの様子とクラス全体の様子を同時に捉えたい
- 遊びのかたまりの中での友達関係を把握したい
- 具体的な環境構成や援助が思い浮かぶようになりたい
- 遊びと遊びのつながりや空間的な環境の構成を見ていきたい

記録をとろう！

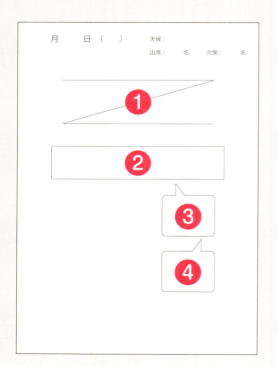

遊びを自由に書こう

遊びのかたまりで記録すると、一人ひとりがどんな遊び方をしていたか、誰と誰が一緒に遊んでいたかなどが捉えられます。

① クラス全体の様子・印象を書く

遊びの取り掛かりや遊び全体の様子を書く。遊びの変化や明日の保育につなげたいことなども書いておく（印象に残った場面、楽しんでいたこと、トラブルなど）。

② 環境を図で表す

保育室内の環境や、どの遊びに誰が参加していたかを記す。

③ 遊びの変化や援助を書く

遊びのかたまりごとに、友達や保育者の関わり、環境によって遊びが変化していく様子を捉えて書く。子どもたちの遊びのイメージや遊びが楽しくなる有効な教材なども書いておく。

④ 明日に向けての援助や今後の予想を立てる

遊びの様子を捉え、考察することで、成果や評価について振り返ることになる。子どもたちの姿から明日に向けての援助の方向、具体的に必要な環境など、思い付いたことを書いておく。

※記録内にその日の保育のねらいを書いておくと、活動と関連付けて見られます。

きっと見付かる！ 自分にぴったりの記録方法♪

テーマ 『あの遊び、またやろうよ！』

point 全体を捉えられるように

「ねらい」に対して十分達成できていたのかや、遊びへの取り組み方、遊びの楽しさ、改善点などを捉えて書いています。そうすることで遊びを充実させるための課題が見え、どのように援助していくのか、方向性を考えるのに役立ちます。

point 子どもたちの関係性の把握に役立てる

やり取りの変化や行動をつかみ、「ねらい」を踏まえてこれからどうなってほしいのかを、具体的に書くことで子どもたちの関係性や今後の「願い」が見えやすくなります。また保育者が一人ひとりへの願いをもって関わっていることが分かります。

point 次の日の遊びにつなげられる！

翌日の遊びに向けて、指導の方向性を具体的に示すことで、翌日の環境が整えやすくなり、遊びが継続していきやすいです。更に、遊びが充実し、子どもたちの想像力が発揮されていきます。

5月　8日（月）　天候：☀　行事：内科健診
出席：32名　欠席：2名

好きな遊び（4歳児　さくら組）

連休明けだが、やりたい遊びがあったり、関わりたい友達がいたりして、意欲的に遊び出す。特につみ木を使う遊びでは、場ができて、イメージをもち、動いたり、必要な物を作り出したりしたところで約30分。この下線部分を十分に楽しむ時間の確保が課題。→今日遊んだ場を残しておき、明日につなげる。

以下
子どもたちの動きやイメージを受けて、明日に向けての援助の方向

ヘリ
○トランシーバーを作り出したところ。材料・見本を用意しておく。
○手前のつみ木はビルのイメージ。ビルらしく見えるように工夫することを提案。
○6人と、ちょっと人数が多め。イメージがつながりにくい（独自のイメージにはしりがちな）幼児もいるので、必要に応じて仲介。

パティシエ→家
○後から参加した（ゆみ）の思いをとり入れていくと、遊びが広がることを意識させる。
○パティシエ？家？何が本当にしたい？追求しつつ、イメージを共通にしていく。

トラック
○上記同様、（いっせい）のイメージが反映されるように、仲介。
○わりと、個々の動きをする子が多い。互いのしていることに目が向くような援助をしていく。

プリンセス
○幼いながら、2人はよく言葉でやり取りしている。（年中の時は並行遊びだった）この2人に関しては、ココの楽しさに共感することを大切にしたい。

水族館
○魚を作る材料を準備。
○他クラスの幼児がいるのでどうなるか…見守る。ムリに続けず、材料をとっておくことも考える。

家
○2人の関係が深まってきた。つながりが深いからこそもっと互いの思いが出せると遊びが楽しくなるはず！
ここを援助！

〈ねらい〉
○好きな遊びを友達と楽しみながら、自分の思いを言葉で伝えていく。
○遊びに使う物を身近な材料で作って楽しむ。

35

遊びの記録

遊びの記録のキホン☆

夢中になっている一つの遊びや、行事などに向けてハプニングを設定したときに子ども一人ひとりの反応などを記録しましょう。反応によって、遊びの取り組み方は変わってきますよ。

こんなときにはこのタイプの記録で！

- 遊びの設定や導入に対する子どもの姿や反応が知りたい
- 子どもが興味・関心のあることや想像・発想力を知りたい
- 反応から遊びの展開へ、どのようにつながるのか見てみたい
- あの子にはこんな一面があるのかと、新鮮な関わりをしてみたい

記録をとろう！

一人ひとりの姿が見えるように

一人ひとりの姿が見えるようなマス目型の記録用紙を用意します。遊びや導入に対して子どもたちは、どのような反応や取り組み方をしていったのかを記録してみます。子どもたちの反応から次の遊びの展開が考えられます。

5歳児 ふじ組 記録　　2月13日（月）　天気（晴れ）　出席18名　欠席2名

- お別れ遠足に向けての計画
- 忍者から巻き物（指令）が届いて、それを元に、想像したり言葉にしたりして、遊び込んでいく
- 巻き物が届いたときの一人ひとりの反応の記録

〈保育者の仕掛け〉
- 忍者からの巻き物を机の上に置いておく
- 忍者の足跡を、玄関から出て行ったように床に貼っておく（黒布テープ）
※欠席児に経験が抜けていることに配慮し、今後の活動を進める

1.さき 第2発見！表現控え目なゆずかと共に、大きい声でアピール！！	2.ひな 今、影が見えた！と言っていました。	3.りほこ りほこさんも見えました！！空想しだすと止まりません！！	4.ななえ 思いついたこと、考えたことを次々に言葉に表していく。友達のこともよく聞いてる！	5.ゆきえ やっぱりうれしいときは「キャー」久々に踊って「キャー」笑顔♡
6.ごじろう 次に、どこに巻き物が届くとか、想像している。	7.りゅうじ りゅうじも、黒い影がシュッと見えた気がする（表現室が）	8.もも 友達の波が去った後、ゆっくり巻き物を見ていた。	9.ゆきや 欠	10.ゆうな 「ゆの家にね、やってきたんだよ」当時の出来事を思い出して話していました。
11.しほ 「しーちゃん、前に見たことあるよ」今日は見てないのね(笑)	12.あん 帰りにお母さんたちにも教えてあげたい、と提案。ステキ	13.ちなみ 欠	14.たいが イメージが吹き出して止まらない、楽しいおしゃべり！！	15.しゅうと 玄関などを探しに行く夢がるところ
16.りゅうせい 「どこから見てると思う？上の穴（天井の穴）だよ」と教えてくれました。	17.ここみ 登園の時、黒い足跡を見たそう！	18.しょうたろう たいが同様、想像もおしゃべりも止まらず、大興奮～	19.かえで 見た～、とか見えた～とかの他、発想は開かれず、イメージの世界を楽しめているかな？	20.ゆずか 第1発見発見したこと表現できる

point 子どもたちの反応を捉える

子どもたちの表情・反応・動作など、その子どもらしさに着目して、会話のやり取り、リアクションなどの表情の豊かさをキャッチします。一人ひとりの楽しみを発見するきっかけになります。

point 次の展開につなげる

子どもの反応を把握することで、あまり興味を示さなかった子どもや欠席していた子どもへの援助・配慮を考えるきっかけになります。

きっと見付かる！ 自分にぴったりの記録方法♪

エピソード記録

エピソード記録のキホン☆

保育の中で特に心に残ったことをノートなどに記録しておきます。自由な保育日誌みたいに考え、形式にとらわれずに、とにかく気付いたことを書き残していきます。自分なりに書いてみることで、子どもの気持ちが見えてきたり、自分の関わり方の改善点に気付いたりすることがあります。楽しみながら書いてみましょう！

こんなときにはこのタイプの記録で！

- 翌日の保育（環境の構成や援助）に生かすために、子どもの思いを読み取りたい
- 保育者の省察（どのように考えたか）を継続して見ていきたい
- 「子どもの遊び」や「保育者の援助」の振り返りに使いたい
- 同僚たちとの共有や、多角的な子ども理解に役立てたい

記録をとろう！

思いのままに書く！

継続して記録すると、子どもの思いの深まりに気付くことがあります。どうすればその子どもの思いが更に深まるのか、遊びが広がっていくのかを考え、明日の保育につなげていく必要があります。

point 心に残った出来事を！

新入園児が5月の連休明けになっても、安定感をもって過ごせる場所や遊びが見付からず、何となくふらふらする姿が気になっていたときの記録です。子どもたちが安心して過ごせるように経過を見ていきたいという思いからエピソード記録として残しています。

氏名：松山 尚哉 （4歳児）

5月23日
なおやがちあきの誘いを断って、砂場でダム作りに夢中になっている。大きな穴を掘って、バケツに水を入れて運んでいる。今までのなおやから想像できない。「やりたい」という思いがはっきりしたものだったに違いない。一生懸命バケツを担んでいるなおやの姿は、今まで見えなかったなおやの側面を見たような気持ちになり、うれしかった。
私も砂場に入って一緒にシャベルで穴を掘り始めた。楽しい！初めてなおやと気持ちが通じ合う気がした！

37

連絡帳

0・1・2歳児用

体調が変化しやすい0・1・2歳児では、主な活動や健康状態を伝達することが目的です。「主な活動」や「天候」「気温」「湿度」などのほかに、年齢が小さくなればなるほど、「体温」「睡眠」「排便・排尿の回数・状態」「食事の量」などの細やかな観察や記録が必要です。保育者からだけでなく、保護者にも記入してもらい、共有することが大切ですよ！

連絡帳のキホン☆

保育者と保護者が毎日手に取り、読んだり書いたりしている連絡帳も、園によって、子どもの年齢によってスタイルは様々です。1日1日の子どもの健康状態を記録した連絡帳は、保護者と連携して子どもを育てる意識を高めてくれる大切な記録です。

こんなときにはこのタイプの記録で！

- 保護者との連絡事項を共有したい
- ふだん伝えられないことを懇談会などで振り返りながら詳しく伝えたい
- 複数担任の場合の共通理解・連携につなげたい
- 個人記録や保育日誌に活用したい

記録をとろう！

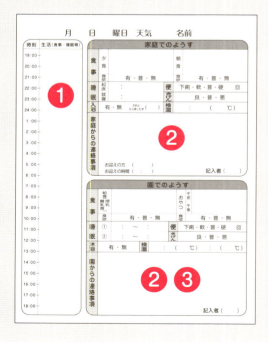

連絡帳が記録に！

書くと同時に記録になる「複写式」の連絡帳が使われることが増えてきています。複写式でない場合はコピーしておけば、自分の記録として残しておけます。

① 24時間の生活リズムを共有する

睡眠や食事の時間など、いつ頃何をしていたのかや、その内容がどうだったのかが分かるように必要事項を記し、保護者と共有できるようにする。

② 家庭から、園からの連絡事項などを書く

保護者の悩み事やふだんの様子など、園と家庭で共通認識できるように記入する。

③ 園に残す用紙には大切なことを！

子どもの姿などで、保護者に伝えるほどでもないが大切なことや、発達などで伝えにくいこと、気付いたことなどは複写式で園に残す（コピーした）用紙に書いておく。

テーマ 『保護者と共育しながら…』

1歳児クラス、2歳3か月

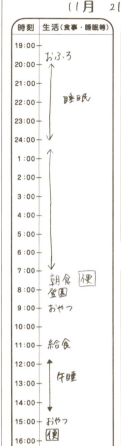

時刻	生活(食事・睡眠等)
19:00	おふろ
20:00	↑
21:00	睡眠
22:00	↑
23:00	↑
24:00	↑
1:00	↑
2:00	↑
3:00	↑
4:00	↑
5:00	↑
6:00	↓
7:00	朝食 便
8:00	登園
9:00	おやつ
10:00	
11:00	給食
12:00	↑
13:00	午睡
14:00	↓
15:00	おやつ 便
16:00	↑
17:00	降園
18:00	

11月 21日 火曜日 天気 晴れ 名前 山口 みか

家庭でのようす

夕食: イクラの寿司 (3個) / お吸い物 からあげ
朝食: パン / カキ、リンゴ
食欲: 有・普・無 / 有・普・無
起床: 7:00 / 就寝: 20:30
便: 下痢・軟・普・硬 回 / 良・普・悪
入浴: 有・無 (だれと入りましたか 母) / 検温 8:00 (36.0℃)

家庭からの連絡事項:
昨日は児童館の買い物ゴッコに参加しました。買い物したり おやつを食べたりし、最初はあっけに取られていた みかも 自由に買い物をして 歩きました。楽しかったと言っていました！

お迎えの方 (　　　)
お迎えの時間 (　：　)
記入者 (母)

園でのようす

給食/授乳/離乳食: チキンの照り焼き / 温野菜のサラダ / もやしスープ
おやつ: 午前 牛乳・ビスケット / 午後 牛乳・キャロットケーキ
食欲: 有・普・無 / 有・普・無
睡眠: ① 11:50〜14:30 ② ：〜：
便: 下痢・軟・普・硬 1回 / 良・普・悪
沐浴: 有・無 / 検温 9:20(36℃) 15:00(36.5℃)

園からの連絡事項:
本当に良い経験ができてよかったですね。「楽しかった？」と聞くと、「うん！楽しかった！」とニコニコでした！
今日はホールで体操や ソフト積み木 などで遊びました。ソフト積み木の一本橋を渡るのが気に入り、何度も楽しそうにやっていましたよ！
まだ友達と関わる様子は見られないが、やりたい遊びを通して関わっていきたい。
遊びが満足できるように取り入れていきたい。

記入者 (石川)

---

point 保護者の気持ちに寄り添って

保護者からの連絡に対するコメントに加えて、今日の子どもの姿を伝えましょう。今、何に興味・関心があるのかの共通理解につながります。また、連絡忘れなどをしてしまうと不信感を募らせることになるので気を付けましょう。

point 自分の記録として残す

環境（人・もの・ことなど）への関わり・援助に対してや、保護者に伝えづらい内容は、園に残す用紙や自分の記録として書いて残しておきましょう。

point 生活面を保護者と共有

丁寧に詳しく書くことも大切ですが、今日の子どもの機嫌や生活面などはどうだったのかを分かりやすく見せ、保護者と共有することが大切です。

3・4・5歳児用

子どもの言葉がだんだん増えてくるので、自分から保護者に今日の出来事などを話すようになってきます。体調も安定してくるので、連絡帳は必要に応じて利用することが多いです。主に、友達との遊びの様子、親子の悩みなどが書かれます。

連絡帳を「成長の歩み」として大切に保管していく保護者も多くいます。想いの詰まった大切なノートにしていきたいですね。

チェックリスト
（P.80・81の様式参照）

チェックリストのキホン☆

子どもたちがどのように発達していったか、生活・運動面などの習慣や技能はどうか記録します。「できた」「できていない」として把握するのではなく、個別にどう成長しているのかを把握するために役立ちます。また、クラス全体の傾向が分かりやすく、指導の不足している点や偏りも見えてきます。

子どもの発達

こんなときにはこのタイプの記録で！

- 発達の状況などを保育者間で情報共有したい
- 健康面や保健面での体に関する状態を分かりやすく把握したい
- 保育者間の引き継ぎに活用したい

記録をとろう！

チェックリスト＋経過記録を！

発達や生活のことなど、子どもの発達の時期に合わせて記します。できているかどうかだけを見るのではなく、経過記録も一緒に書いて把握しておくことが大切です。

point
発達の姿を月齢で捉える

対象年齢での発達の特徴的な姿に対して、いつ頃その姿が見られるようになったのかを記入します。

point
子どもの姿の経過記録を残す

子どもたちの発達の経緯や状況、子どもの心情・意欲・態度などを書き留めるようにします。チェックはあくまでも目安なので、詳しい子どもの姿などは個別に記入するようにしましょう。

発達及び経過記録　　児童名：青野わかな

（おおむね6か月から9か月）

	発達の姿	月齢	経過記録（子どもの姿）
体と心の健康	離乳食（初期〜中期）のいろいろな食べ物の味や形態に慣れる。	:6	4月3日（6か月）入園1日目（慣れ保育）保護者と離れるときにしがみついて泣いていた。抱っこをして玩具を見せたり、戸外に出たりすると泣き止み、抱かれた状態で周りの様子を見ていた。 4月10日 慣れ保育終了本日より1日保育となる。特定の保育者といると安心して過ごしている。食事を喜ぶので体調を崩すこともなく過ごしている。
	食べ物の食器を見ると喜ぶ。	:7	
	嫌がらずに顔や手を拭いてもらう。	:6	
	おむつが汚れたら嫌がらずに取り替えてもらう。	:6	
	眠いときは安心して眠り、睡眠時間が安定してくる。	:	
	積極的に寝返りやずりばいをして移動する。	:7	
	腹ばいになって手のひらで上半身を支え、後ずさりしたり回ったりする。	:7	
	支えられると一人で座っていられる。	:8	
	顔に掛けられた布を手で払う。	:6	
		:	
人との関わり	名前を呼ばれると呼んだ人の方を見る。	:6	5月12日（7か月）一人で仰向けからうつ伏せに寝返りができるようになった。保護者にも伝え、共有する。 5月23日 見慣れた人と見慣れていない人が分かるようになってきて、安定した気持ちで過ごしている。保育者の後を追ったり、保育者が離れると泣いたりする（戻ると喜ぶ）。 6月8日（8か月）よく抱いてくれる保育者を見ると身をのり出して抱いてもらおうとしたり、要求があると「ダーダー」「バーバー」と変化に富んだ喃語を発したりするようになった。
	声を掛けられたり、目が合ったりするとよく笑う。	:7	
	特定の保育者と十分に触れ合い、安定した気持ちで過ごす。	:7	
	保育者に見守られ、安全な場所で過ごす。	:	
	不快が、怒り・嫌悪・恐れに分化する。	:7	
	人見知りが始まる。	:8	
遊び	見えた物に興味を示し、なめたりかじったりする。	:6	
	身近にある物をつかみ、左右の手で玩具を持ち替えて遊ぶ。	:	
	音の鳴る玩具を握って振ったりたたいたりして音を出す。	:7	
	物を引っ張ったり、つまんだりする。	:8	
	保育者の歌うわらべうたなどを聞いて喜ぶ。	:7	
	要求があると声を上げる。	:7	
	機嫌の良いときは盛んに喃語を発する。	:6	
	遊んでもらいたいという思いを身振り手振りで表す。	:	

きっと見付かる！ 自分にぴったりの記録方法♪

生活習慣

こんなときにはこのタイプの記録で！

● 一人ひとりの生活面、運動面などの習慣や技能が身についているかを簡単に把握したい
● 全体の傾向を捉え、援助が不足している点を補いたい
● 個別に配慮をする必要がある子どもを事前に把握しておきたい

「できている」「できていない」で捉えるのではなく、保育者の把握として使いましょう！

記録をとろう！

生活習慣の把握につなげる

靴や衣類の着脱、清潔・排せつ、食事、道具の扱い、社会性など評価としてではなく、現状の把握として記録します。

point マークでチェック！

指導計画の工夫や個別の配慮を考え、援助していくための資料として活用しましょう。

4歳児4月　身辺自立チェックリスト
○：身についている　△：自分でしようとしている　空欄：意識が見えない（経験がない）

名前	着脱（靴） 立って履き替えられる	左右正しく履ける	靴のしまい方	着脱（衣服） ボタンの付けはずしができる	自分で脱ぎ着できる	きれいに畳める	清潔・排泄 手洗い・うがいができる	用便が自分でできる	和式で用を足せる	食事 立ち歩かない	こぼさないように食べる	箸を持って来る	道具の扱い のりの扱い	ハサミを正しく持てる	ハサミを正しく持ち歩ける	ハサミを正しく使える	ステープラーを使える	傘を丸められる	社会性 自分から挨拶をする	片付けをする	集合時に集まって座る
石田 葵	△	○	○	△	○	○	○	○	△	○	△	△	△	○	○	△	○	○	○
上西 はじめ	○	△	○	△	△	○	△(○)	△	△	○	△	△	△	△	○	○	△
松山 ○○子																				
山下 裕樹	○	△	○	△	○	△うがい	○	○	△	△	○	○	△	△	○	○	△	△

保育写真を撮るコツを知ろう！

① 写真の撮り方
上からではなく、子どもの目線で！

保育者の目線から撮るのではなく、子どもの目線で撮ることで、子どもたちの表情や姿がはっきりと見えてきます。大人がしゃがんで、低い位置から子どもの表情を狙ってパチリ☆

point
タイミングが大切！

「こっち向いてー！」と声を掛けたり、カメラを向けられている様子を知ったりすると、子どもたちは"ピースサイン"をするなど、遊びを止めてしまうことがあります。しぜんな姿を撮るようにしましょう！

雰囲気が伝わるように

遊んでいる雰囲気が伝わってくるように、表情だけではなく、周りの環境も写るように撮れると良いですね！ 保育の振り返りのときにも役立ちますよ。

水やりに夢中！

粘土でうまく作れたね！

地域の方から竹とんぼを教わりました！

1番大切なこと
撮影に夢中になり過ぎないように気を付けましょう。転んだり、物を取り合ったりするなど、トラブルは瞬時に発生するので、子どもたちへの対応が後回しにならないようにしてくださいね！

きっと見付かる！ 自分にぴったりの記録方法♪

② 写真を撮るメリット

同僚との職場研修に！

"見える化"された記録資料を使って研修をすると、子どもたちの姿や環境が直接見えるので、保育者間で共有したり、次の保育をどう改善していくかの相談がしやすかったりするので、役立ちます。

子ども自身の振り返りに！

以前の遊びや経験したことを写真で掲示しておきます。子どもが見ることで遊びのイメージが更に広がったり、経験したことを思い出したりして、次の保育の導入にもつながります。

保護者への情報発信に！

子どもたちのふだんの様子や行事での取り組みの様子などが見えるので、保護者の安心感につながります。なかなか話す機会がとれない保護者にも有効です。

更に、保護者と子どもの会話のきっかけにもつながりますよ！

保育者自身の振り返りに！

保育者が設定した場面で子どもたちがどう反応しているのかが見えるので、保育の振り返りにもつながっていきます。

point 写真から伝わること

子どもたちのすてきな表情を狙って写真を撮りましょう。写真からは様々な情報が読み取れます。楽しそうにしている姿や、イメージを膨らませて考える姿、子どもたちの関係性などが伝わってきますね。

ポートフォリオ・ドキュメンテーション

ポートフォリオ・ドキュメンテーションのキホン☆

一人ひとりの子どもが成長する様子と学びの深さを見える形で表す物です。遊びや活動への取り組みのプロセスを絵や写真などで描き出します。保育者がありのままの子どもの姿を理解するために、また担任だけでなく他クラスの保育者や保護者などにも理解されやすい手法として有効です。

こんなときにはこのタイプの記録で！

- 遊びや活動のプロセスを分かりやすく振り返りたい
- 一人ひとりの取り組みの様子や工夫している点などが分かるようにしたい
- 保育後に保育者同士で子どもたちの育ちを共有したい
- 保護者にも子どもの成長を理解してほしい（参観日などで掲示するなど）

記録をとろう！

保育の様子が伝わるように

「写真を使用して、子どものつぶやきを見せる」「プロジェクトのように子どもたちの活動を見せたい」など様々です。作成の頻度や、置く場所を保育室や玄関前にするなど、工夫してみてください！

① しぜんな子どもの姿を捉えた写真を使う
夢中になっている子どもの姿の写真を使う（P.42参照）。

② 子どものつぶやきを一緒に見せる
子どもたちの興味・関心のある姿や考えているときのつぶやきなどを一緒に書くことで、そのときの子どもの姿が思い浮かびやすくなる。

③ 子どもの姿や振り返りなどを詳しく！
子どもの姿や保育者の振り返りなども記録に残すことで、ほかの人が見てもどんな状況だったのかが分かるようにする。

きっと見付かる！ 自分にぴったりの記録方法♪

ポートフォリオ・ドキュメンテーションの 共有の仕方

個人の物はファイリングして取り出しやすく！

リングでまとめて見やすい場所に置いておく

保護者が書き込めるスペースを作ってコミュニケーションのツールに！

掲示板に貼って誰でも見られるように

個人の物や新しい物だけをつるして見やすいように！

模造紙に書いて壁に貼る

クラスの物はボードにして掲示！

ポートフォリオ・ドキュメンテーション

～その子どもの良さや育ちを伝えるために～

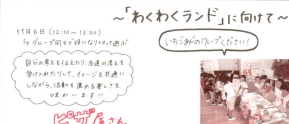

～「わくわくランド」に向けて～

11月6日（12:10～13:00）
4グループ同士で役になりきって遊ぶ

自分の考えを伝えたり、友達の考えを受け入れたりして、イメージを共通にしながら、活動を進める楽しさを味わいます!!

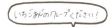
いちごあじのクレープください！

いらっしゃいませー！

ピザ屋さん　**クレープ屋さん**

ジュー！もうすぐですよ～
ようこそ！

ピザができあがると、ピザを焼くときの道具や動きを考えていました。「ピザやさんのこんなところがかっこいい！」とシェフやウエイトレスへの憧れの気持ちから道具作りに励んでいました。

いろいろな味をイメージして本物のクレープになるように丁寧に作っていました。
店員さんの衣装もかわいらしくしたい！とドレスを作って、店員役になりきって動くことを楽しんでいました!!

～保育の過程を理解してもらうために～

○○児（もも組・うめ組）　～みんな

"草花やしき"遠足
目がグループに分かれて
〜アトラクションを決めて
〜、楽しんだ。

"遊園地ごっこ"をしよう
年少組や年中組も楽〜る遊園地を、園に作〜とイメージを膨らませる

もっとここを
こうして～…

いろをいっぱい
つかったら
よさそうだね！

自分の作りたい物を決め、グループに分かれて話し合いの始まり！

たのしいところにつれていってくれるタクシー！

――作りたい物のイメージを共通に！――
グループごとに、作りたい物の絵を描きながら、互いのイメージや考えを伝え〜どのように作るか、相談した。

グループの友達と話し合う機会や構成図を描いてイメージを共通に。

＊ 話し合い―グループ全員が納得しているか確認する。
＊ グループで決めた内容や進行状況について、クラスで集まったときに全体に伝えて、他のグループの様子が分かるようにする。

point
子どもたちの"声"に注目

子どもたちの関わりなどを文章で書くだけでなく、更に表情が見える写真に"声"や"会話"を記入することで、その場にいたかのような具体的な子どもたちの姿がイメージできます。

見通しを持って作ることができるように表にして掲示。

☆タクシーのコース作り

きっと見付かる！ 自分にぴったりの記録方法♪

これまでの経験から製作、ごっこ遊びへの遊びの過程が見えてくるわね！

point
保護者に伝えるために！

行事など、子どもたちの成長の過程が見える物を掲示することで、ふだんの様子や子どもの表情が見え、保護者の安心にもつながります。成長の過程を共有しておきたいですね。

〜ろう！「わくわくランド」〜

「なににしよっか？」

どんな物を作る？
「お化け屋敷も作りたい！ 小さい子も楽しめるものにしよう」「花やしきには忍者がいっぱいいたから、忍者になりたい！」と具体的にアイディアを出し合いながら、グループに分かれて進めていった。

point
写真一枚から たくさんの情報を！

写真一枚からでも、いろいろな情報が読み取れ、振り返りに使うことができます。子どもたちは何に興味をもっていて、どんな表情をしていたのか、周りの環境はどうだったのかなど、様々なことが分かります。

グループでの製作
グループごとに、乗り物や使う道具などを製作した。子どもたちのアイディアを取り入れながら材料や用具を用意し、必要に応じて作り方を提案していく。
（立体的に作ることができるように大きめのダンボールを用意する。）

☆タクシー作り

学年で目的やイメージをもち、遊戯室や保育室の空間全体を意識して作ることができるように配置図を掲示したり、実現する方法を考えたりする。　☆タクシー完成

自分たちで楽しんで困ったことや危険に感じたことはないかを確認する。
↓
☆わくわくランドに招待

製作後、年下の子どもたちをどう楽しませるか、シミュレーション！

47

記録の書き方のヒント 2

子ども主体の言葉で

「○○を楽しませる」などの保育者主導の表記ではなく、「○○を楽しむ」というように子ども主体として考えましょう。子どもの主体性・創造性・感性を捉えて記録に生かしましょう。

子どもの発達の姿が想像できるように

例えば、「友達と同じ遊びを楽しむ」子どもの姿からは、「友達との関わりを深める」「共通の目的をもつ」「協力して進める」など、発達の姿から体験の深まりが読み取れるように書きましょう。

活動だけの評価にならないように

保育の中で活動を効率良く行なうことだけに集中するのではなく、子どもの実態・育ちを見る視点を忘れないようにしましょう。どんな環境を構成し、援助できたのかを振り返り記録しましょう。

3章

記録が〇〇に役立つ!?
ラクラク記録活用術

様々な場面に生かせる記録とは…?

重ねた記録を見直す中で、自分が大切にしていること、子どもの姿の捉え方などが見えてきます。また自分の記録をほかの保育者に見てもらうことで、自分一人では気付かなかった子どもの姿や自分の保育の課題などを多角的に判断してもらい、反省・評価につなげていくこともできるのです。記録して終わりではなく、今後の指導に生かしたり子ども理解の資料にしたりできる記録にしていきましょう。

記録を何に生かす?

きちんとした記録を書いていれば、様々な場面に活用できるのよ!

- 日々の遊びの様子の把握
- 園内研修の保育の振り返り
- 指導計画や児童票、要録などの作成
- 家庭との連携（保護者支援）　など

なおこ先生: くどいようだけど、もう一度言うと、PDCAサイクルを考えながら保育していくのよ。

まな先生: そうでしたね。記録は「ACTION」! 改善を担う重要な役割があるんですよね!!

きょうこ先生: そう! 次は、その「ACTION」から「PLAN」にあたる指導計画のことや、要録や児童票などの様々な物について考えよう!

あかり先生: えーっと、要録や児童票って…?

なおこ先生: 記録から読み取った子どもの育ちを書くのが要録。記録を基に子どもの姿をまとめた物が、児童票よ。

記録が○○に役立つ!? ラクラク記録活用術

保育の振り返りをするための記録は？

2章で紹介したように記録には、その目的に応じていろいろな種類があります。一つでもいいですが、何種類かの記録をとると、より子どもの姿を捉えやすく、保育や指導計画などにも活用しやすくなります。

一つの記録でも、いろいろな場面で活用できるんですね！

記録と保育の関係って？

児童票とのつながり （詳しくはP.55〜）

保育所で児童票は必ず作成しなければならない調票であり、申し送りや報告のための資料となることもあります。誰が読んでも分かるような表現と次の保育に生かせるような内容であることが必要です。この点を意識して、子ども一人ひとりのことを日々の記録からまとめていくようにします。

指導計画とのつながり （詳しくはP.58〜）

指導計画は「全体的な計画」に基づいて、実践後、子どもの実態から振り返り、反省・評価され、次の計画作成という手順で立てていきます。設定したねらい・内容・環境構成・援助は適切であったのかという観点から評価されます。それが保育の改善につながり、その評価の積み重ねが「保育の質の向上」につながります。計画のどこをどのように評価し、改善したのかを記録の中で明確にしておくことで、後で指導計画がまとめやすくなります。

要録とのつながり （詳しくはP.62〜）

小学校との連携として、「学びの連続性」が重要視されています。保育所では、児童票の作成もあります。要録と様式をそろえていると、より分かりやすく活用しやすい物になります。子どもの姿を捉えた記録をとりためていきましょう。就学直前の子どもの姿が、園の目標や保育理念、「幼児期の終わりまでに育ってほしい姿」（10の姿）に重なっているでしょうか？ 園の課題としても考えられるので、園全体の保育の質の向上や自己評価にも役立ちます。

保護者支援へのつながりも紹介しています（P.68〜）。記録を最大限生かして保育をより良くしていきましょう！

保育と記録の関係性を次のページで紹介！

●保育と記録の関係図

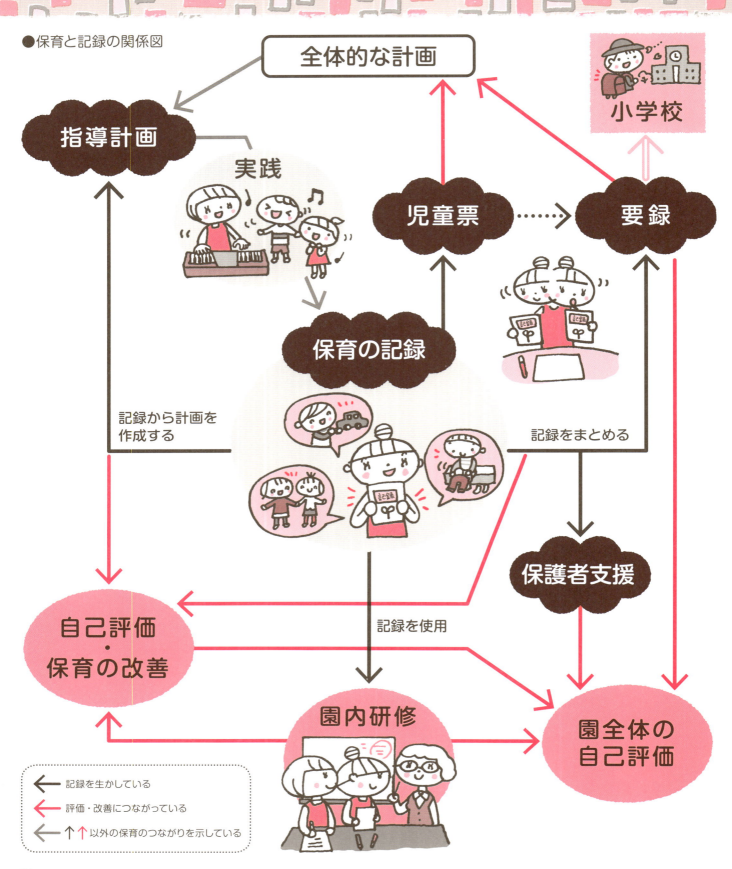

児童票

こんな記録がオススメ！ 個人 MAP型 活動別 遊び チェックリスト

保育所の子ども一人ひとりの入所から修了・退所までの、家庭の状況及び保育経過（成長過程）を的確に記録し保管する、個人情報が収録された重要な書類です。取り扱いや保管などには厳重な注意が必要です。入所前の面接では、家族構成から入所までの生活状況、健康に関する事項などを聞いて記します。

児童票を書こう

日々の記録などから以下のような観点で児童票を書いていきましょう。

❋健康面・保健面の状態

毎月の身長・体重、健康診断・歯科健診の結果や病気の罹患記録、予防接種、体に関する子どもの状態を記録などから整理し明記しておく。

❋運動機能の発達

「○○ができるようになった」「○○な姿が見られるようになった」など、子どもたちの運動機能（持久力、瞬発力、防御力、敏捷性、バランス感覚　など）や内面の育ちが就学期に至るまでに育っているのか、チェックリストなどを用いて記入に役立てる。

❋精神的な発達

日々の個人記録などから、友達との関わりと心の動きや表現の様相などが見える。ともに生きる力と社会性についても、児童票に丁寧に書き加える。

❋身の回りのこと（自然・社会事象など）への興味・関心

遊びや生活などの何に興味・関心があるのか、記録から子どもの姿を捉える。知的好奇心旺盛に遊ぶ姿とともに、探求心や集中力を育てながら一つの課題に向かう目的意識と、内面的な自己形成への過程も書く。

point

上記の観点のほかに、こんなポイントを押さえておくことも大切です。

保育者の対応・援助

子どもの姿だけではなく、そのときの保育者の対応・援助はどうだったのか、どんな見方をしていたのかも書きましょう。

保育者間の共有

複数担任などの場合は、保育者間で情報を共有する場を設けましょう。より的確な成長過程が記録できるようになります。

児童票

記録が児童票に！
記入の仕方や、記録から児童票を作成するときのポイントなどを紹介します。

日々の記録

0歳児クラス　山口まこと　5月28日（1歳0か月）

- 毎朝、母親と離れると泣いていた子どもの姿があったのが、入園から2か月経って保護者に「バイバイ」をしている姿が見られた。夕方になると、保護者が迎えに来ることなどが分かってきている。
- ハイハイのスピードが速い。気付いたら、自分の足元まで来ていて驚かされる。ハイハイの方が早いからか、なかなか「歩行」につながらない。
- 好きな玩具など、こだわりが強くなってきた。ほかの子どもたちの玩具を奪うなど、トラブルにならないように配慮していく。
- 今まで全部食べていたのが、最近苦手な物が出てきたようで、好き嫌いが出始めている。「早くちょうだい」と言っているかのように、手づかみやスプーンで食べようとする。
- 知らない人が来ると、不安そうな表情で保育者の顔を見る。「怖い」や「人見知り」の反応と同時に担当保育者にしがみ付き、抱っこを求めて来る。

> **point** 成長が分かるように
> 誕生日に記録を書くようにすると、○歳までにどのような発達をして、何に興味・関心があるのかなど、成長が分かりやすくなります。保護者との共有にもつながります。

- 子どもの姿から「生活のリズム」が出てきたことに着目！
- 「ハイハイ」のスピードが上がり、行動範囲が広くなっている
- 保育者との関係性が生まれている

児童票の発達記録

- 入園後2か月が経過し、保育者との信頼関係ができ、園生活のリズムも安定している。
- ハイハイでかなり広い範囲を移動したり、つかまり立ちをしたり、数秒間立っていたりしている。
- 自動車の玩具が好きで、部屋中をハイハイしながら押している。時々保育者を独占したくて他児を押しのけて膝に座ろうとする。
- いろいろな食品を食べられるようになり、最近気に入った物は自分から手づかみで食べたり、スプーンを口に持っていったりしている。
- 保育室に知らない人が来たり、大きな音がしたりすると、不安そうな顔をして、安心できる保育者に寄り添って来る。

> **point** 発達の姿を捉えて！
> 日々の記録から、発達の姿を捉え、児童票にまとめます。児童票は詳しく書くというよりは、簡潔にまとめていきます。

記録が○○に役立つ!? ラクラク記録活用術

児童票が指導計画の資料に!

翌日の指導計画の目標や保育者の配慮、指導計画の援助などにも使えます。

子どもの姿から、意欲や気持ちを読み取る!

発達状況から次の段階につながるように援助を踏まえた書き方に!

- 歩行に向けていろいろな動きを十分に経験させ、できるようになったことや頑張っていることなど、一つひとつを一緒に喜びながら進めていく。
- こぼしても自分で食べようとする気持ちを大切にしていく。
- 周りの変化に敏感に反応するので、不安にならないよう、「こんなことがあるよ」と知らせたり、先に抱っこをしたりして安心して過ごせるようにしていく。
- 遊んでいるときは見守り、甘えたいときにはしっかり思いを受け止めていけるようにしていく。

子どもの思いを読み取って、気持ちに寄り添う

point 発達の姿から次の育ちを!

子どもの発達の姿から、経験してほしいことやできるようになってほしいことなど、言葉の表現を変えて、ねらいや内容の参考にしましょう。

おまけ 引き継ぎ事項について…

児童票の1年の最後には引き継ぎ事項を記入する欄を設けておく。

★生活習慣で、いつ頃発達の様子が見られるようになったのかが分かるチェックリスト(P.40・41参照)は、引き継ぎにも使えます。

- 好き嫌いなく食べられるようになったが、肉や魚などなかなか飲み込めず、口の中でぱさぱさになってしまうことがあるので、お茶やみそ汁、スープなどを用意して飲み込めるようにしている。
- ぬいぐるみや人形をおんぶしたり、布団の中に寝かせたりして遊んでいる。絵本や手遊び、体操なども大好きで「もういっかい」と言って何度も催促して楽しんでいる。
- 卵アレルギーだが、つなぎに使用される程度なら食べることが可能となった。
- 午睡の寝付きと寝起きが遅くて、無理やり起こすとしばらく泣くこともある。
- 保育者にわざとぶつかってきたり背中をたたいたりして、保育者の目を向けさせようとすることがある。甘えたい思いをそんな形で表現するので、しっかり受け止めてあげて欲しい。

指導計画

こんな記録がオススメ！　MAP型　活動別　エピソード　連絡帳　チェックリスト　ポートフォリオ

子どもの実態を考慮して、乳幼児期にふさわしい生活の中で、一人ひとりの子どもに必要な経験が得られる保育が展開されるように、具体的に作成します。

指導計画の書き方

指導計画を書くときに大切なことを押さえておきましょう。

1 発達の理解

- 子ども一人ひとりの発達を把握する。
- その時期の子どもの発達を捉える。

子どもたちがどのような道筋で発達していくのか理解し、発達の見通しをもとう。把握しておくことで子どもの姿を捉えやすくなります。

2 子どもの姿を捉える

以下のようなことを頭において記録から子どもの姿を捉えてみましょう。

遊び

いつ、誰と、どのようなイメージで、どこで遊んでいるのかなどを把握する。

友達関係

友達同士の関係で、どんな思いをどのように表しながら過ごしているかなどを把握する。

クラス全体の活動

保育者に促されて参加しているのか、どのようなことを楽しんでいるのかなど、クラスでの姿や関わり方を把握する。

生活

食事・衣服の着脱・排せつの実態などの記録から基本的生活習慣がどのように身についているのかを理解する。

3 具体的なねらいや内容の設定

子どもの姿や「変化」「連続性」に注目し、ねらいと内容を立てます。変化や連続性に注目することで、子どもたちの姿をより捉えやすくなり、ねらいの設定につながります。

変化

- 子どもの興味・関心の変化
- 生活や遊びへの取り組みの変化
- 保育者や友達との人間関係の変化
- 自然や季節の変化

連続性

- 日々の保育の連続性
- 園生活と家庭生活との連続性

活動を通して、そこに関わる子どもがどのような体験を積み重ねているのか、それぞれの子どもにとって充実した発達を促すものになっているかを把握するの。

4 環境の構成   以下のような視点から環境を構成しましょう。

時間
子どもが十分に活動できる時間やその流れをどのように構成するか

場や空間
子どもが主体的に生活できる場や空間をどのように構成するか

身の回りに起こる事象
自然や社会事象などをどのように活用するか

物や人
適切な物や地域の方との出会いをどのように構成するか

5 保育の展開と保育者の援助の視点

活動の形態（個での活動、グループでの活動、クラス全体での活動、学年での活動、園全体での活動）や、保育の形態（担任一人、複数の保育者で協力、学年で協力、保育者全員で協力）、教材、教具の工夫の視点から援助を考えていきます。

それぞれの視点を押さえながら、指導計画にまとめていきましょう。

指導計画を書き終えて…

6 保育者の役割を意識する   保育者は、以下のような役割を担っています。

- 子どもが行なっている活動の理解者
- 共同作業者、子どもと共鳴する者
- 憧れを形成するモデル
- 遊びの援助者
- 発達にふさわしい生活の仕方や規範意識などを育成する者

それぞれの工夫や役割を意識しながら保育を進めましょう！

指導計画

記録が指導計画に！
日々の記録が指導計画を書くときに役立ちます。

2月6日の記録　　　　　　　　　　　　　　　　　　　　（4歳児　こすもす組）

劇遊び
- 自分の役が分かり、楽しそうに動くことができた。必要な道具を自分たちで用意していた。
- 先週は思い思いにダンスを踊っていたが、A児がリードして踊り方をそろえようとしていた。保育者が「踊り方がそろっていて、すてき！」と認めるとうれしそうな顔をしていた。
- ワニ役の子どもたちはなり切っていて、登場するときにワニらしさがよく伝わってくる。しかし、ワニは最初に登場するため、最後までなかなか気持ちが続かない様子で、おしゃべりを始めてしまう。ほかの役の子たちの出番のときに、擬音を出したり、歌ったりして、お話の世界にずっと参加していられるような工夫をしていきたい。
- 今週末の発表会に向けて、見てもらう喜びも味わわせていきたい。明日は、主任の先生に見に来てもらう。他クラスの友達にも見せる機会をつくっていきたい。

> **記録から**
> 記録で書いた子どもの姿から次の日のねらい・内容を考えていく

好きな遊び
- B児たちはジャングルジムに登っていたが、しばらくすると氷鬼を始める。また、C児がボールを出したことからサッカーが始まる。しかし、得意な子ども以外は、なかなかボールを触るチャンスがなく、アスレチック遊具の方へ行って遊びが分かれる。保育者がネコとネズミができるように二つの陣地を描き、ネコとネズミのボードを出すと、B児たちは「いれて」と言って入ってくる。氷鬼をしていたA児たちも参加し、保育者も一緒に随分盛り上がっていた。以前は捕まえたい気持ちが強く、ネコになる子どもが多かったが、今日はネズミになって、保育者や友達を助けたいと思っている子どもが増えてきた。

日案

| | 4歳児　こすもす組　2月7日の計画 | | 担任：山岡　楓 |

ねらい
- 友達と一緒に、劇遊び『でんしゃにのって』の役になり切って動いたり、言葉のやり取りをしたりして表現することを楽しむ。
- 保育者や友達と一緒に、進んで体を動かして遊ぶ楽しさを味わう。

内容
- 劇遊び『でんしゃにのって』で作った物を使ったり身に付けたりして、なり切って動くことや言葉のやり取りをして表現することを楽しむ。
- 友達と声や動きを合わせて歌うことを楽しむ。
- 氷鬼や縄跳びに取り組み、保育者や友達と思い切り体を動かして遊ぶことを楽しむ。

環境を構成するポイント	予想される幼児の活動	保育者の援助
○前日までの遊びの様子を踏まえて、興味をもっている遊びをじっくり楽しめるような環境を用意する。 ○戸外遊びでは、遊びに必要なラインを引いたり縄を準備したりするなど、自ら遊びだせるようにしておく。 ○自分たちが作った、劇遊びに必要な道具やお面を、遊びの中でも一人ひとりが使えるように置いておく。 ○クラスのみんなで活動する時間と、好きな遊びの時間をバランス良く組み合わせ、無理なく発表会へ向けての意欲や期待を高めていく。 ○発表会までの見通しをイラストで表し、子ども自身が期待をもてるようにする。 ○みんなで歌う場面と分かれて歌う場面をつくり、聞いてもらううれしさを感じられるようにする。	○登園する。 ・挨拶、身支度や所持品の始末をする。 ○好きな遊びをする。 （室内：製作、劇の役になって遊ぶ） （戸外：氷鬼、縄跳び、転がしドッジボール） ○片付ける。 ・手洗い・うがいをする。 ○劇遊び『でんしゃにのって』をする。 ・自分が作ったお面を身に付ける。 ・役になり切って動いたり、せりふを言ったりする。 ・友達の表現する様子を見て楽しむ。 ○昼食。 ○身支度をし、降園する。	○一人ひとりの楽しんでいることややりたいと思っていることを捉え、楽しさに共感したり、一緒に繰り返し遊んだりする。 ○寒い中でも、体を動かして遊ぶ楽しさが感じられるよう、保育者も仲間になって思い切り走ったり、動いたりして遊びを楽しむ。 ○一人ひとりの表現している姿を認め、みんなで楽しみながら話の流れをつくり出していく。 ○子どもたちの動きに合わせたり、動きを引き出したりするような言葉を掛けたり、ピアノ伴奏を取り入れたりしながら劇遊びを進めていく。 ○歌をうたうときには、友達と声や動きが合わさる楽しさ、気持ち良さが味わえるような言葉を掛けていく。
14時以降〜	14時以降〜	14時以降〜
○好きな遊びを選び、ゆったり過ごすことができるような場を用意する。 ○おやつ後は、友達と一緒に過ごせる場とともに個別に遊べる場を用意し、一人ひとりが自分のペースで遊びを楽しめるようにする。 ○年長児の活動している遊びに興味をもったり、一緒に楽しんだりできるような場をつくる。	○順次、室内でゆったり遊ぶ。 　（絵本、パズル、ブロック　など） ○おやつを食べる。 ・自分の持ち物をまとめる。 ○好きな遊びをする。 　（家庭的な遊具、トランプ、こま回し、大縄跳び　など） ○片付けて降園する。	○担任と預かり保育担当者とで連携し、一人ひとりの子どもの様子や体調をよく見て、ゆったりと過ごすことができるように配慮する。 ○年長児と一緒に遊べるようなゲームや遊具などを用意し、無理なく楽しめるようにする。
反省・評価	★子どもが安心してなり切って表現することや、声や動きを合わせて歌うことを楽しむことができるようなことばがけや環境の構成ができていたか。 ★保育者や友達と一緒に、進んで体を動かして氷鬼や縄跳びをして遊ぶ楽しさを味わっていたか。	

立てたねらい・内容から環境構成や援助を具体的に考えていく

記録から必要な道具を用意する子どもの姿が見られた。自分たちで用意しやすい環境になるように構成する。

友達と動きがそろう心地良さを感じていたので、歌でも声がそろう楽しさを味わえるように言葉を掛けていく。

point
明日の保育に生かせるように

前日の記録から、明日の保育にどのように生かしていくのかを考えます。子どもたちの姿から「どんな環境を構成するのか」「子どもたちはどんな活動をするだろうか」「保育者はどのように援助していくのか」を具体的に考え、計画を立てましょう。

60

記録が○○に役立つ!? ラクラク記録活用術

2月6日～2月10日の記録

生活
- 発表会を楽しみにしていて、クラスで劇遊びに取り組む時間には、意欲的な姿が見られた。
- 朝は寒い日が続いたが、登園するとすぐに外で遊ぶ時間があることが分かり、外へ出ていく子どもが多い。

遊びや活動への取り組み
- 発表会で家の人や他クラスの友達に見てもらうことを楽しみにして、表現遊びを繰り返し楽しんでいた。
- 劇のために自分で作ったお面や道具などを大切に扱う。愛着があり、遊びでもお面や道具を使って、動物ごっこを始める姿も見られた。
- クラスの友達と声を合わせて歌ったり、リズムに合わせて合奏したりすることを楽しんだ。みんなで気持ちを合わせて、音が合う心地良さややり遂げた満足感を味わっていた。
- 女児を中心に縄跳びを跳びたいと挑戦する姿が増えてきた。個人持ちの縄跳びも積極的に使っていく機会をつくっていきたい。

友達関係
- 一緒に遊びたい友達を誘って、鬼ごっこやボール遊びを始める姿が見られる。
- ルールのある遊びでは、友達にとらわれず、やりたい遊びに入っていき、体を動かして遊ぶことを楽しんでいる。

戸外で鬼ごっこなどのルールのある遊びを始める姿から、繰り返し取り組む姿を認めるなど意欲を支えるよう援助していく。

---

point 前週の様子から計画を!

前週の記録から、子どもたちの姿はどうだったかや遊びの継続、季節・行事のことなどを押さえて次週の計画につなげていきます。そこから1週間のねらい・内容・環境・援助を具体的に計画していきます。

記録から
前週の記録から読み取った子どもの姿を記入する

週案

4歳児　こすもす組　2月　第3週　　　担任：山岡　楓

前週の子どもの姿	◆発表会を経験したことで、劇ごっこ、楽器遊びなどを繰り返しながら、いろいろな表現遊びを楽しんでいる。 ◆友達と鬼ごっこやルールのある遊びなどを楽しみ、体を動かして遊ぶ心地良さを感じている。
季節や行事など	○寒い日、霜柱ができたり、バケツにくんでいた水に氷が張ったりする。 （誕生会）（身体計測）
ねらいと内容	○自分なりに表現する楽しさを味わいながら、友達と関わって遊ぶことを楽しむ。 ○鬼ごっこやボール遊び、縄跳びなどいろいろな遊びに、自分なりの力を出して取り組む。 ・発表会の余韻を楽しみ、役を交代しながら繰り返し楽しむ。 ・他クラスの劇遊びやしている遊びをまねたり、取り入れたりして友達と一緒に楽しむ。 ・鬼遊びや縄跳び、ボール遊びなど繰り返し取り組み、体を動かす楽しさを味わう。
具体的な環境と保育者の援助	◆発表会の再現をして楽しめるように、衣装やお面、小道具などを自分で取り出しやすく、分かりやすい場所に置いたり、友達と役を交代しながら遊べるよう、環境を整えたりする。 ◆遊びの様子を見ながら、音楽や絵本、道具や材料を状況に応じてタイミング良く出したり自分たちで使えるように用意したりして、自分なりに表現する楽しさを味わえるようにする。 ◆他クラスの友達と関わって遊び、一緒に楽しむことができるよう、劇で使った衣装や道具、音楽などを貸してもらったり、動作や言葉を教えてもらったりする。 ○子ども一人ひとりの発表会の楽しかった思いや満足感を受け止め、遊びに取り入れて楽しむ姿を見守っていく。また、まねたり変化させたりして遊ぶ楽しさを、保育者も共感していく。 ◆発表会でうたった歌や合奏などを自分たちで再現できるように、音楽CDやプレーヤーなどを用意しておく。 ◆鬼遊びやボール遊び、縄跳びなどで思い切り体を動かして遊べるよう、周りの遊びとぶつからないようにラインなどでスペースを区切って、安全に楽しく遊べるようにする。 ◆自分たちで、遊びに必要な用具が取り出しやすく、整理しやすいように、園庭用の遊具を入れるカゴやボール棚、個人用縄跳びを掛けておくフックなどを用意しておく。 ○保育者も遊びの仲間に入りながら、一人ひとりが自分なりに目当てを持ち、繰り返し取り組んでいる姿を認めたり、励ましたりしていく。粘り強く頑張っている姿を周囲の子どもにも伝え、取り組む意欲を支えていく。 ◆縄跳びを結んで片付けることや、鬼遊びに使うカラー帽子の片付け方など、視覚的にも捉えられるよう写真や絵で表示し、子どもが自分たちで片付けられるようにする。
反省・評価	★自分なりに表現する楽しさを味わいながら、友達と関わって遊ぶことを楽しめたか。 ★鬼ごっこやボール遊び、縄跳びなどいろいろな遊びに自分なりの力を出して取り組み、体を動かす楽しさを味わうことができたか。

（子どもの姿からねらい・内容を設定する）

（1週間でどんな環境構成や援助をしていくか考えていく）

要録
（P.82〜87の様式参照）

こんな記録がオススメ！　個人　MAP型　活動別　エピソード　連絡帳

小学校との円滑な接続を図り、幼児期の生活と学びの連続性を重視した書き方の工夫が必要です。一人ひとりの良さや可能性を把握して、成長と指導のつながりを大切に記入しましょう。そのうえで5歳児については、特に成長した姿を『幼児期の終わりまでに育ってほしい姿』（10の姿）を生かし要録に記述をしましょう。

3つの要録の違い

幼稚園幼児指導要録
「学籍に関する記録」「指導に関する記録」の様式があります。後者の記録では、子ども一人ひとりについて園生活での発達の様子を毎年担任が記入し、書き継いでいきます。また5歳児は最終学年の用紙に記入します。小学校教員と正しく理解を共有できるように「10の姿」とともに示した形式になっています。

保育所児童保育要録
「入所に関する記録」「保育に関する記録」の様式があります。後者の記録では、保育の過程と子どもの育ちに関する事項に5歳児の指導記録を記入します。この事項には保育の展開と子どもの育ち、特に配慮すべき事項を記入します。最終年度に至るまでの育ちに関する事項には、入所時から4歳児までの育ちについて理解をするうえで重要なことを記述します。また、「10の姿」の活用に向けては「保育に関する記録」の様式にも項目を提示しています。

幼保連携型認定こども園園児指導要録
「学籍に関する記録」「指導等に関する記録」の様式があります。後者の記録では、一年間の指導の過程と園児の発達の姿について書き継いでいきます。満3歳児以上で次の年度に必要と考えられる事項があれば、特に配慮すべき事項に記入し、満3歳児未満については養護や健康に関する事項を含め、年度ごとに園児の育ちに関する事項に記入します。また5歳児は最終学年の用紙に記入します。

要録の書き方

日々の記録をまとめていく

日々の保育が終わり、1日の振り返りとして書いていた記録をある程度のスパンでまとめていきましょう。

1〜2か月ごとや4〜8月の期ごとなど、今まで書き留めていた記録を整理してコンパクトな文章を作ります。3月までの記録を、1年間のまとめの時期に、更に整理して子どもの成長のまとめとします。

日々の記録を整理していくことで、振り返りや保育実践を見直し修正していくことができ、自分自身の保育を評価することにつながります。前の期間にあまり見られなかったところを、次の時期に見ていけるということにもつながってきます。

要録の様式は異なっていても、「育ちの記録」であることは間違いないわよ。子どもたちの育ちや変容を押さえて記入しましょう。

最後にまとめて1年分の振り返りは…難しいですね。

少しずつやっていきましょうね！

記録が○○に役立つ！？ ラクラク記録活用術

日々の記録→4月の記録に！

事例：藤井慎太郎（4歳児・男児）　※1〜3歳児まで保育園経験あり

▶ **4月7日　入園式**
　隣に座っている**けん**と気が合い、おしゃべりをする。入園式会場内のクラス表示や前に飾ってある花鉢を触るなど、イスから立ち上がるので母親は注意するが、気にする様子がなく、止まらない。近くにいる保育者が戻そうとする。保育室に戻っても、**けん**を追い掛けて隣に座ろうとしていた。

▶ **4月13日**
　登園すると、カバンからタオルとコップを出してフックに掛け、園服も始末することができる。**けん**・**りょうた**と道路の描かれているシートと作った車を持って行き、走らせることを楽しんでいる。
　片付け後、園庭で遊ぶ。ジャングルジムに登り、1番高い所まで行くことができる。**こうじ**は**しんたろう**の活動的な様子に憧れ、後ろに付いて行く。

▶ **4月17日**
　ブロックのコーナーでは、タイヤの部品が足りずに車が作れなかったので、隣にいた**しゅう**に「かして！」と言うや否やタイヤを一つ取って車を完成させた。**しゅう**はすぐに泣きだし、「**しんたろう**くんがとったー！」と訴えて来た。

▶ **4月21日**
　今週から使い始めた中型積み木を構成し、仲の良い**けん**と一緒に乗れるような車を作っている。保育者がハンドルを出すと、**けん**の分も二つ持って行き、「ふたりでうんてんできるんだ」と自慢している。その後、廊下にできた巧技台の場に行って遊んでいた。片付けの時間になると廊下に出て行き、自分たちが出した積み木の車を片付けもしない。

▶ **4月24日**
　一本橋と滑り台を組み合わせた巧技台の遊び場は、体を動かしたい子どもが集まり、にぎわっていた。
　列に並んでいた**かな**の前に割り込み、進もうとして**かな**たち女児にとがめられていた。わけを聞くと**しんたろう**は「さきにならんでいた」と言い張る。
　このところ叱られてばかりいるので、素直になれない様子である。

Ⓐ 隣合わせになった子どもとふざけ合い、互いに気に入っている様子。保護者が声を掛けても、気にせず話している。

Ⓐ 身の回りのことを自分でする習慣が身についている（所持品の始末や登降園児の支度など）。体を動かすことが好きで、数名の他児は**しんたろう**を憧れの気持ちで見ている。

Ⓔ 本人は「かして」「みせて」と言ったつもりが、他児は取られたと認識している。これまでの経験から集団生活の中での交渉を知っているのかもしれない。きちんと交渉することを伝えると、相手の子も「いいよ」と言ったと言い張る。

Ⓑ 積み木やブロックなどが好きで、毎日構成して楽しんでいる。動きが活発で走るのが速く、ジャングルジムにも登れる。

Ⓓ いざこざが起きた場面で関わることが多いため、保育者を避けている様子。一緒に遊びながら関係をつくっていくことが大切。本人なりの思いにも耳を傾け、寄り添うよう心掛ける。

> 日々の記録をまとめて4月の記録として整理しておきましょう。

※ⒶⒷⒹはP.65の要録につながります。

要録

日々の記録→5月の記録に！

▶5月11日
　ヒーローごっこをしていたところで、**こう**が泣きだした。**しんたろう**に「たたいちゃった？」と聞くと、うんと首を縦に振る。「かしてっていったのにかしてくれないんだもん」と答える。初めて、自分が相手をぶったことを認めたので、保育者は「悔しくてたたいちゃったのね。勇気を出して話してくれてありがとう」と認める言葉を掛けると、少し素直に話を聞こうとする態度が見られた。

▶5月15日（保育参加）
　「親子で遊ぼう」では、親子のふれあい体操を行なった。多くの子どもが保護者に抱っこされることを喜んでいるのに、**しんたろう**は保護者の周りを走り、膝の上にもなかなかのらなかった。

▶5月22日
　降園時、**しゅう**の保護者から**しんたろう**のことで相談があった。公園で遊んでいると、**しんたろう**が手を出すことが多く、トラブルになるという。園でも子どもたちの関係を丁寧に見ていくことを伝えた。

Ⓒ Ⓔ 初めて友達をたたいたことを素直に認める。自分のしたことを認めた勇気を褒める。

Ⓓ 参観での保護者とのふれあい遊びで、なかなか保護者の膝の上に乗らなかった。甘えることが少し苦手なようだ。

Ⓔ トラブルはまだ多い。しかし、トラブルが起こったとき、自分から報告しに来るようになった。

日々の記録→6月の記録に！

▶6月2日
　積み木を構成することが得意な**しんたろう**は基地を作って遊び始める。**しんたろうとけん**はヒーローになり、基地を出たり入ったりして遊ぶ。**りゅうや**が「いれて」と言うが「もういっぱいだから、だめ」と断っている。

▶6月12日
　今日は、積み木で基地遊びではなく、扉の段ボール板と組み合わせて家を作る。ごちそうをテーブルに並べて「きょうはパーティするからきてね」と保育者を誘いに来る。「おじゃまします」と家に行くと喜んでいろいろな食べ物を出してくれる。

Ⓕ 基地ごっこで遊び始めるが、自分の好きな友達だけを仲間に入れる。保育者を遊びに誘うことが増えてきた。

Ⓑ 遊びでは積み木などの構成していく遊びは得意だが、イメージを基にしたごっこ遊びなどは、今まであまりしてこなかったようだ。

point
具体的に、簡潔にまとめる
日々の記録を学期ごとや数か月ごとでまとめておくと、1年間をまとめるときに整理しやすくなります。ただし抽象的な表現は控えて、具体的に書くように気を付けましょう。

7月〜3月の記録も含めて要録に書いていくと…

記録が○○に役立つ!? ラクラク記録活用術

記録が要録に!

幼稚園幼児指導要録（指導に関する記録）

ふりがな	ふじい しんたろう		
氏名	藤井 慎太郎		
	○年 ○月 ○日生		
性別	男		

ねらい（発達を捉える視点）

健康
- 明るく伸び伸びと行動し、充実感を味わう。
- 自分の体を十分に動かし、進んで運動しようとする。
- 健康、安全な生活に必要な習慣や態度を身に付け、見通しをもって行動する。

人間関係
- 幼稚園生活を楽しみ、自分の力で行動することの充実感を味わう。
- 身近な人と親しみ、関わりを深め、工夫したり、協力したりして一緒に活動する楽しさを味わい、愛情や信頼感をもつ。
- 社会生活における望ましい習慣や態度を身に付ける。

環境
- 身近な環境に親しみ、自然と触れ合う中で様々な事象に興味や関心をもつ。
- 身近な環境に自分から関わり、発見を楽しんだり、考えたりし、それを生活に取り入れようとする。
- 身近な事象を見たり、考えたり、扱ったりする中で、物の性質や数量、文字などに対する感覚を豊かにする。

言葉
- 自分の気持ちを言葉で表現する楽しさを味わう。
- 人の言葉や話などをよく聞き、自分の経験したことや考えたことを話し、伝え合う喜びを味わう。
- 日常生活に必要な言葉が分かるようになるとともに、絵本や物語などに親しみ、言葉に対する感覚を豊かにし、先生や友達と心を通わせる。

表現
- いろいろなものの美しさなどに対する豊かな感性をもつ。
- 感じたことや考えたことを自分なりに表現して楽しむ。
- 生活の中でイメージを豊かにし、様々な表現を楽しむ。

出欠状況	年度	年度	○年度
教育日数			192
出席日数			190

備考

年度	○年度
指導の重点等	（学年の重点） ○いろいろなことに興味をもって、心を動かして取り組んだり、自己を表出したりして、友達と遊ぶ楽しさを味わう。 （個人の重点） ○自分の思いどおりにならないことが分かり、相手の気持ちや考えに気付く。
指導上参考となる事項	Ⓐ ○保育園の経験があり、幼稚園集団生活には戸惑うことなくなじんだ。 Ⓑ ○自分の好きな遊びを見付けたり、友達を誘ったりして積極的に行動する。また身のこなしが軽く、活動的である。 Ⓒ ○自分の気持ちを言葉ではっきりと言うことができる。 Ⓓ ○大人に対して、少し構えてしまう姿が見られた。気持ちに寄り添い、一緒に遊びを楽しむことで関係をつくってきた。6月末頃からスキンシップを求めてくるようになった。 Ⓔ ○自分の主張が強く、相手と強く関わってしまうことでいざこざが起こることが多かったが、徐々に友達の気持ちにも気付くようになっていった。 Ⓕ ○得意なことを友達に教え、認められる経験から、友達の意見も聞くようになった。 ○クラスの友達からも慕われている。今後は、リーダーシップを発揮して、友達に寄り添いながらクラスを引っ張ってほしい。

それぞれのマークの付いた記録が要録に反映されています。日々の記録から子どもの姿を捉え、次年度に伝えていきましょう。

point
指導を振り返る

学年の重点は年度の初めに記入しておきましょう！ 年度の終わりに個人の指導を振り返り、学年の重点と照らしながら、成長した点に視点をおいて書きます。

point
次年度に向けた書き方に

1年の指導の様子を具体的に書くことで、子どもの変容が伝わってきます。そして今後、どのような姿になってほしいのか、どんな姿を期待するのかを書いて、次年度や小学校へつながる書き方にしましょう。

→ 今後の期待や願い

4歳児までは「5領域」、5歳児は「幼児期の終わりまでに育って欲しい姿」の視点を捉えて記入することがポイントです！

要録

point 保育の振り返りが要録に

これまでの保育記録が役立ちます。記録の中で指導内容を「10の姿」の視点でも捉えておくようにしましょう。保育の振り返りが要録にもつながります。

記録が要録に！

事例：藤井慎太郎（5歳児・男児）

▶4月16日
しんたろうを中心に男児5、6人が誘い合ってサッカーを始める様子が見られる。**しんたろう**は、サッカーの遊び方に詳しく「線からボールが出たときは、相手ボールになるんだよ」などと、遊びをリードしている。他児も**しんたろう**の説明に納得して遊んでいる。

〔健康な心と体〕〔自立心〕〔言葉による伝え合い〕

▶4月25日
登園すると、サッカーの遊びを始める様子が続いている。この日は始める時に6人のメンバーがそろったが、チーム分けの時にしんたろうが「ぼくとA君、B君は青チーム、C君、D君、E君は白チームね」と決める。この日は、**しんたろう**のチームが5点取って勝った。

〔健康な心と体〕〔自立心〕〔言葉による伝え合い〕

▶4月28日
登園後、**しんたろう**たちは、いつもの6人でサッカーを始める。ほどなくして、C児が「先生、今日もしんたろう君がチーム分けをしたんだよ。いつも強い子ばかり自分のチームに入れてするいよ」と訴えてきた。保育者が様子を見にいくと、D児も不満に思っている様子である。A児、B児は**しんたろう**に自分が選ばれ、試合は勝っているので、黙っている。保育者は、スポーツの勝負は力が同じくらいのチームと戦って、仲間と作戦を立てたり、力を合わせて勝負したりするからいいんだよね。強いメンバーばかり集めて勝っても、当然だよね。このチーム分けは、全員が納得していたのかしら？」と話す。保育者の話を黙って聞いていた**しんたろう**は、「もう一回、チーム分け、やり直ししよう。グーパーで決める？」と言う。不満を訴えていたC児、D児も「いいよ」と答える。A児、B児、E児もうなずいている。その後6人はチーム分けをして、サッカーを楽しんでいた。チームごとに作戦を立てたり、ボールをパスしたりする動きが出てきた。

〔健康な心と体〕〔協同性〕〔道徳性・規範意識の芽生え〕〔言葉による伝え合い〕

point 子どもの良さを捉えて

一年間の指導の過程や子ども一人ひとりの良さ、成長について簡潔に記入します。個人の指導の重点となる、子どもの姿と指導の記録が具体的に分かるように書きます。

ふりがな	ふじい　しんたろう
氏名	藤井　慎太郎 ○年 ○月 ○日生
性別	男

ねらい（発達を捉える視点）

伸び伸びと行動し、充実…
…動かし、進ん…
…に必要な習慣…、見通しを…
…み、自分の力…充実感を味わ…
…み、関わりを深…、協力したりし…活動する楽しさを味わ…、愛情や信頼感をもつ。

人間関係	社会生活における望ましい習慣や態度を身に付ける。
環境	身近な環境に親しみ、自然と触れ合う中で様々な事象に興味や関心をもつ。
	身近な環境に自分から関わり、発見を楽しんだり、考えたりし、それを生活に取り入れようとする。
	身近な事象を見たり、考えたり、扱ったりする中で、物の性質や数量、文字などに対する感覚を豊かにする。
言葉	自分の気持ちを言葉で表現する楽しさを味わう。
	人の言葉や話などをよく聞き、自分の経験したことや考えたことを話し、伝え合う喜びを味わう。
	日常生活に必要な言葉が分かるようになるとともに、絵本や物語などに親しみ、言葉に対する感覚を豊かにし、先生や友達と心を通わせる。
表現	いろいろなものの美しさなどに対する豊かな感性をもつ。
	感じたことや考えたことを自分なりに表現して楽しむ。
	生活の中でイメージを豊かにし、様々な表現を楽しむ。

出欠状況	○年度	
	教育日数	194
	出席日数	191

記録が○○に役立つ!? ラクラク記録活用術

幼稚園幼児指導要録（最終学年の指導に関する記録）

	○ 年度
指導の重点等	（学年の重点） ○自己を発揮して、自然や様々な人との関わりの中で、多様な感情体験をしたり、表現する楽しさを味わったりする。その中で自己コントロールができるようにしていく。 ○友達と目的に向かって活動に取り組み、協同で遊びや生活をつくり出していく楽しさを味わえるようにする。 （個人の重点） ○周りの様子や相手の気持ちに気付き、自分の気持ちの表し方をコントロールしながら、友達との遊びや生活を楽しむ。
指導上参考となる事項	○友達に慕われていて、体を動かす遊びを好み、大勢の友達とサッカーごっこや鬼遊びを楽しむ様子が見られた。時折、勝ち負けにこだわり、自分のチームが優勢になるように、遊び方を変えることもあるので、友達から不満の声が出てくるようになってきた。 互いの思いを伝え合い、自分の行動を振り返ることができるように指導をしてきた。 ○友達との遊びの中で、自分の思いのまま行動してしまい、受け入れられないことがあると、その悔しさやもどかしさを強い口調で相手にぶつけてしまうことがある。 本児の思いを聞いて受け止め、相手の気持ちを知らせたり、相手にどのように伝えたらよいかを繰り返し伝えたりしながら指導している。 ○2学期の生活発表会では、自分たちでストーリーを作る劇遊びに魅力を感じ、取り組んだ。話し合いの場面では、自分の思いや意見を伝えたり、グループの友達の考えを受け入れたりしながら、友達と一緒に作り出していく姿が見られた。 ○3学期に学年全体で取り組んだ遊園地ごっこでは、年下の幼児を招待して、自分たちで作った物で遊んでもらうことを楽しみにし、友達と一緒に協力して作り上げた満足感や充実感を感じていた。 ○1年間で友達と互いの思いや考えを共有し、共通の目的の実現に向けて、考えたり、工夫したり、協力したりしてやり遂げる喜びを味わえるようになってきた。 今後も本児の積極性を生かしながら、協同性の伸長に向けて指導を続けていってほしい。
備考	

幼児期の終わりまでに育ってほしい姿

「幼児期の終わりまでに育ってほしい姿」は、幼稚園教育要領第2章に示すねらい及び内容に基づいて、各幼稚園で、幼児期にふさわしい遊びや生活を積み重ねることにより、幼稚園教育において育みたい資質・能力が育まれている幼児の具体的な姿であり、特に5歳児後半に見られるようになる姿である。「終わりまでに育ってほしい姿」は、とりわけ幼児の自発的な活動としての遊びを通して、一人一人の発達の特性に応じて、これらの姿が育っていくものであり、全ての幼児に同じように見られるものではないことに留意すること。

健康な心と体	幼稚園生活の中で、充実感をもって心と体を十分に働かせ、見通しをもって行動し、自ら健康で安全な生活をつくり出すようになる。
自立心	身近な環境に主体的に関わり様々な活動や遊びの中で、しなければならないことを自覚し、自分の力で行うために考えたり、工夫したりしながら、諦めずにやり遂げることで達成感を味わい、自信をもって行動するようになる。
協同性	友達と関わる中で、互いの思いや考えなどを共有し、共通の目的の実現に向けて、考えたり、工夫したり、協力したりし、充実感をもってやり遂げるようになる。
道徳性・規範意識の芽生え	友達と様々な体験を重ねる中で、してよいことや悪いことが分かり、自分の行動を振り返ったり、友達の気持ちに共感したりし、相手の立場に立って行動するようになる。また、きまりを守る必要性が分かり、自分の気持ちを調整し、友達と折り合いを付けながら、きまりをつくったり、守ったりするようになる。
社会生活との関わり	家族を大切にしようとする気持ちをもつとともに、地域の身近な人と触れ合う中で、人との様々な関わり方に気付き、相手の気持ちを考えて関わり、自分が役に立つ喜びを感じ、地域に親しみをもつようになる。また、幼稚園内外の様々な環境に関わる中で、遊びや生活に必要な情報を取り入れ、情報に基づき判断したり、情報を伝え合ったり、活用したりするなど、情報を役立てながら活動するようになるとともに、公共の施設を大切に利用するなどして、社会とのつながりなどを意識するようになる。
思考力の芽生え	身近な事象に積極的に関わる中で、物の性質や仕組みなどを感じ取ったり、気付いたりし、考えたり、予想したり、工夫したりするなど、多様な関わりを楽しむようになる。また、友達の様々な考えに触れる中で、自分と異なる考えがあることに気付き、自ら判断したり、考え直したりするなど、新しい考えを生み出す喜びを味わいながら、自分の考えをよりよいものにするようになる。
自然との関わり・生命尊重	自然に触れて感動する体験を通して、自然の変化などを感じ取り、好奇心や探究心をもって考え言葉などで表現しながら、身近な事象への関心が高まるとともに、自然への愛情や畏敬の念をもつようになる。また、身近な動植物に心を動かされる中で、生命の不思議さや尊さに気付き、身近な動植物への接し方を考え、命あるものとしていたわり、大切にする気持ちをもって関わるようになる。
数量や図形、標識や文字などへの関心・感覚	遊びや生活の中で、数量や図形、標識や文字などに親しむ体験を重ねたり、標識や文字の役割に気付いたりし、必要感に基づきこれらを活用し、興味や関心、感覚をもつようになる。
言葉による伝え合い	先生や友達と心を通わせる中で、絵本や物語などに親しみながら、豊かな言葉や表現を身に付け、経験したことや考えたことなどを言葉で伝えたり、相手の話を注意して聞いたりし、言葉による伝え合いを楽しむようになる。
豊かな感性と表現	心を動かす出来事などに触れ感性を働かせる中で、様々な素材の特徴や表現の仕方などに気付き、感じたことや考えたことを自分で表現したり、友達同士で表現する過程を楽しんだりし、表現する喜びを味わい、意欲をもつようになる。

point 「5領域」「10の姿」の視点を意識

園生活の取り組みを要領・指針に示された各領域の「ねらい及び内容」の視点から見て、子どもの成長要領・指針に示された各領域の「ねらい及び内容」から一人ひとりの子どもの発達する姿を捉え、向上が著しいと思われることなど小学校で引き継いでほしいことを記入しましょう。

point 小学校に引き継ぐ

最終年度の記入は、小学校に生かされるよう「10の姿」を踏まえつつ、幼児に育まれている資質・能力を捉え、指導の過程と育つ姿を分かりやすく記入しましょう。

チェックしよう！ このように書けていますか？
- ✓ 具体的に書く
- ✓ 指導の内容を加えて書く
- ✓ 今後の保育（指導）につながるように記入する
- ✓ 「5領域」「幼児期の終わりまでに育ってほしい姿」の視点を捉えて書く

67

保護者支援

こんな記録がオススメ！　個人　MAP型　活動別　連絡帳　ポートフォリオ

クラス便り

子どもたちの成長ぶりや楽しむ姿を保護者に伝えるための通信です。遊びのプロセスや生活の取り組みの様子などを伝えることで、家庭へ啓発していきたいことを発信することができます。記録に基づいて、子どもの変容や保育者の関わりを具体的に書くことで、園の教育への理解を図ったり、保護者の育児の参考になったりします。

クラス便りを書こう

保護者に伝わるように整理してから書きましょう。

1 記録の整理

週案の評価・反省の際に、継続している遊びや活動、生活面で指導の重点をおいていることなどを項目ごとに整理しておきましょう。子どもの生き生きとした姿を記載し、指導の経過が分かるようにしておきます。

子どもの変容や成長を捉えることができますね。

2 成長や楽しんでいることを書き出す

保護者は、子どもたちの成長する姿を知ることがうれしいのです。子どもの成長しているところや楽しんでいる姿を取り出し、記事にしていくようにします。クラスの一人ひとりが主役になっていくような配慮もしましょう。

3 家庭でもできるような書き方にする

教材や保育の工夫をしている点などを具体的に掲載し、家庭でも子どもの興味・関心に沿って、様々な技能を身につけていけるように情報発信していきます。

指導上課題に思っていることも、クラス全体の様子を知らせることで、保護者が我が子の課題に気付くきっかけになるわよ。

point

項目ごとに整理

遊びや生活面など項目ごとに整理することで、子どもの変容や成長を捉えることができます。

保護者に何を伝えたいか

第一に子どもの成長する姿を取り出し、今何に興味・関心があるのかなどを記事にし、それに加えて今の課題などにも触れていきます。

写真から伝わる事実

写真があると子どもの姿が見えるので、文字だけで伝えるより説得力が出ます。取り組みの様子や活動のプロセスを写真に撮っておくようにします。

記録が○○に役立つ!? ラクラク記録活用術

記録がクラス便りに！

子どもの姿が伝わりやすい表現が大切です。

6月12日～6月16日の記録

プール
- 初めてスポーツプラザのプールに入った4歳児。初めは水が深くて不安そうだったが、ロングビート板につかまって浮かぶなど楽しめるような活動を行なったことで、抵抗感を払拭していった。
- 水着に着替えるのは大変だが、服を畳んだり、裏返しを直したりを繰り返すことで、上手にできるようになってきた。なかなかうまくできない子どもに対しては、家庭で保護者がやってしまっていることが想像できるため、保護者にクラス全体の様子を伝えていく。時間が掛かっても自分ですることの大切さを感じてもらいたい。

6月19日～6月23日の記録

製作
- ハサミなどの道具は、遊びや製作活動の中で使っていくことで、技能を身につけていける。教材を工夫し、経験を積み重ねていくことが大切であることや、園での指導内容を知らせていく。家庭での遊びのヒントになればいいな。

point
様子が伝わるように！
写真をたくさん使うと、子どもたちの表情や周りの様子が分かります。また、子どもの言葉なども一緒に書くことで、子どもたちの反応がどうだったのかが具体的に見えてきますね。

point
保護者へのメッセージ
記録に書いていたことを保護者向けに書き換えます。記録に残していたことでマイナスなことがあればプラス表現で書くなど、記録を整理して活用しましょう。

♪head shoulders knees and～
♪London bridge is ～

……まっていただき、みんなで英語の挨拶や歌、ゲームを教わりました。先生の発音をよく聞いて真似したり動きを真似したりしながら楽しんで参加していました。ロンドン橋のゲームでは、日本語の歌で遊んでいたので、英語の歌を覚えると、お弁当の後にも「またやりたい！」と繰り返し遊びました。

プール遊び
プール遊びが始まりました。初めてのスポーツプラザのプールです。楽しみにしていた子供たちは、自分で頑張って着替えに取り組んでいます。脱いだ服を畳んだり裏返しを直したりすることも丁寧に取り組んでいます。
　水の中では、普段保育室で踊っているリズムを踊ったり、浮き輪やロングビート板につかまり、教師が引っ張って進んでいったりすることを楽しんでいます。初めは不安に思っていた子も水に入ってみると「また入りたい！」と楽しむ姿が見られています。少しずつ水となかよしになれるように取り組んでいきたいと思います。

雨が降ってるから傘差してお出かけ！

雨・カタツムリ・アジサイを作ったよ
ハサミを使うのが上手になってきた年中組。長い線もチョキチョキ切り進められるようになってきました。切った紙をステープラーを使ってつなげて雨にしていきました。ステープラーは、最後まで力を入れて押すところや重ねたところを留めるのが難しい姿もありましたが、何度も繰り返していくとコツをつかんで、上手につなげられるようになりました。上手にステープラーを使えるようになったので、次は立体に挑戦！丸く切った紙に切り込みを入れ、重ね合わせて円錐にし、カタツムリの殻を作りました。重ねたところを押さえながら留めるのは難しいので友達に声を掛けて持っていてもらう姿もありました。
　父の日のプレゼント作りで経験した切り紙を小さいサイズの折り紙を使い、アジサイ作りにも取り組んでいます。切り方によって少しずつ違う形になることに気が付き、繰り返し楽しんでいます。

良い歯の表彰式・はみがき指導
歯科衛生士の野本先生にお話を聞きました。食べる時にはよく噛むこと、食べ終わったら歯磨きをすること、普段の生活の中で、口を閉じることの大切さをお話していただきました。幼稚園でも7月頃から昼食後に歯磨きをしていきたいと思います。
※歯ブラシの用意をお願いします。お弁当のある日に、コップ袋に入れて持ってきてください。必ず記名をしてください。

保護者支援

こんな記録がオススメ！　個人　MAP型　活動別　連絡帳　ポートフォリオ

保育懇談会

子どもたちの園生活の様子を保護者に理解してもらうと同時に、家庭での様子を伺い、情報交換の場として、一人ひとりの子どもにとってより良い保育方法を探っていきます。保護者同士、保育者と保護者との信頼関係を深めるチャンスでもあります。園運営の理念、クラスの保育方針や保育内容・行事への取り組みなどを話して相互理解を図り、安心してもらえるようにしましょう。

1歳児さくらんぼ組保護者懇談会資料
日時：5月28日　13：00～15：00
場所：さくら組（5歳児保育室）

内容
①園長より
②担任より（園でのお子さんの様子、年間保育目標など）
③クラスの様子
④保護者より（自己紹介、うちの子のかわいいところ、リフレッシュ方法など）
⑤意見交換
⑥クラスからのお願い

1年間の目標について
＜園目標＞
・心も体も健やかな子ども（自分も友達も大切にできる子ども）
＜クラス目標＞
・保育者に気持ちを受け止めてもらい、情緒が安定し心地良く過ごす。
・生活や遊びを通じて「ジブンデ」の気持ちを保育者に受け止めてもらい、自分でしようとする気持ちが育つ。
・安全で活動しやすい環境の中で、十分体を動かし、歩行や探索行動を楽しむ。
・保育者に話しかけられる心地良さや、自分の気持ちが伝わるうれしさから言葉を使うことを楽しむ。
・保育者や友達との関わりを喜び、一緒に遊ぶ楽しさを味わう。
・いろいろな食べ物を噛んで味わう経験を通して、自分でスプーンを使って食べるようになる。

＜6月の生活や活動のねらい＞
食事　・スプーンを使い、自分で食べる。
　　　・いろいろな食べ物に関心をもち、少しでも食べてみようとする。
　　　・「いただきます」「ごちそうさま」の挨拶で区切りをつける。
排せつ・快くオムツを替えてもらう。
　　　・トイレでオシッコをしてみる。（個人差があるので、個人に合わせた対応をしていく）
着脱　・手伝ってもらいながら、ズボンや靴、靴下などを脱いだり履いたりする。
遊び　・自分の好きな物でたくさん遊ぶ。
　　　・全身、指先を使って遊ぶ。（戸外遊びをたくさん行なっていく）

懇談会の資料を書こう

懇談会をどのような内容にするのか考えます。ふだんの子どもたちの姿から遊びの課題などを考え、今の子どもたちにとってどのような保育にするかをまとめ、保護者に伝えます。

point
写真の準備も！
ポートフォリオやふだん撮っていた写真やビデオは、一つの情報共有の資料につながるので懇談会までに準備しておくのも良いですね。

point
子どものふだんの様子から安心感へ
子どもたちはどんなことに興味をもっているのか、どんな発達の姿が見られるのか、記録を整理して記載し、保護者に知ってもらうようにする。そこから遊びの課題などを伝えていくと、ふだんの様子が伝わり、保護者の安心にもつながります。

記録が○○に役立つ!? ラクラク記録活用術

懇談会を進めよう

直接、保護者とじっくり話せる良い機会です。情報を共有し、信頼関係を深められるように心掛けましょう。

① 挨拶をする（担任・園長から）

② クラスの様子（どんなことで遊んでいるのか、どんな遊びが好きか、食事・排せつ・午睡など生活面の介助はどのように行なっているか、保育者や友達との関わりの様子など）を話す

③ 今後の取り組み（年間指導計画の目標などを交えて、子どもたちがこの1年間にどのように育ってほしいか）を話す

④ 保護者の方々に、話しやすいテーマ（自己紹介、我が子のかわいいところ、私のリフレッシュ方法、子どもの喜ぶ簡単レシピなど）で話していただく

point
事前にアンケートなどで質問をしておくとスムーズに進みます。

⑤ 意見交換、グループに分けて担任が加わり、グループごとで話し合う（一人の人がたくさん話せるので満足してもらえる）

⑥ クラスから保護者へのお願い事項を伝える

⑦ 終わりの挨拶をする

point
保護者は、都合をつけて参加しているので「出席して良かった！」と満足してもらえるように準備しましょう。

記録から「子どもの姿」や「課題」をきちんと保護者に伝えることで、信頼関係がアップするわよ！

まとめ

保育の質の向上を目指し、評価と改善に「記録」を役立てる

　本書では保育記録を通して、子どもの姿から興味・関心などを読み取り、発達を理解する保育の基盤を学びました。現実に目を向けると、園生活は次から次へと展開されており、発達を理解するといっても保育者自身が立ち止まる余裕がなく、効率良く保育をこなすことに陥りがちです。

　本来、保育の営みは子どもの"一人ひとりの良さと可能性の発揮"を目指すことに意義があり、「保育記録」を積み重ねることにより保育を振り返ることが可能になります。更に、園全体で「保育の質の向上」を目指すときに、視点をもって振り返ることも重要です。

保育の質の向上に向けて、評価と改善を目指す視点

① 子どもの発達に合ったねらい・内容
　（保育カリキュラムの方向性）
② 遊びや生活の充実を目指す、豊かな環境の構成
③ 保育運営の方法（クラス運営の方針）
④ 保育者と子どもの相互性
⑤ 子どもの主体性の発揮
⑥ 家庭や保護者、地域との連携
⑦ リーダーシップ　　　　　　　　　　　　　など

　また、保育者のスキルアップを目指す上では、保育を行ないながら、その場の状況をよく見て理解することも大切です。具体的には、一人ひとりを理解する姿勢をもつ・言動をよく見る・よく聴く・保育者が願いをもって関わる・遊びに共感し、子どもが何をおもしろいと感じているのか・何を実現しようとしているのかなどについて、読み取る努力を重ねることです。

　しかし、保育の難しさは、担任が保育の展開をしながら、同時に評価の対象も自身の保育行為にあることです。保育の見直しの手掛かりを見いだすために、日々の記録（少なくとも週単位）を積み重ねていくことで、保育を継続して振り返ることにも結び付きます。「提出」するためではなく、「保育のプロセスを楽しむ」記録を見付けましょう。

保育の楽しさ・難しさ・尊さに出会う

　保育の仕事は"自ら育つ存在"の子どもの成長・発達を支え、園生活の中で情緒的な出来事の新鮮さに出会い、保育者として子どもや保護者と"子育ての楽しさ"を共有し、保育を創造していく「尊さ」があります。子どもの成長、保護者の変容、世代間の交流など、園が地域の幼児教育資産になっていく過程の中で、保育者の専門性の向上も確かなものになっていきます。

　日・週・月・期・年の単位で保育が見直され、成長の歩みが記された保育記録が明日の保育を創りだす手掛かりになります。『保育の尊さ』とは、子どもたちの傍らに保育者がいて、可能性を拓き、生きる力を支援し、保育を確かなものに改善して、成長を支えていく営みなのです。

ほかにもこんな記録を生かしてみる

　1章でも記しましたが「記録」は残せば良いわけではなく、活動の羅列や保育者の思いだけの内容では、子どもの姿を捉えることはできません。つまり、保育の改善は図れません。2章で紹介した記録以外に、「クモの巣（ウェブ）型」（子どもの経験や活動の内容を構造的に捉え、図式化した物）で記録を残して遊びの充実を目指している園もあります。

　子どもの興味・関心を捉え、遊びや活動間のつながり、新たな環境や遊具・用具、教材との出会い方などを保育者も振り返りながら記録に残します。保育者は、どのような願いをもって園生活をともにしているのか、遊びの援助をしながらどのような考察をしていたかなどを明らかにする必要もあります。保育を構想するときにも役立つことから、保育の計画作成で活用する園もあり、生かし方は様々です。

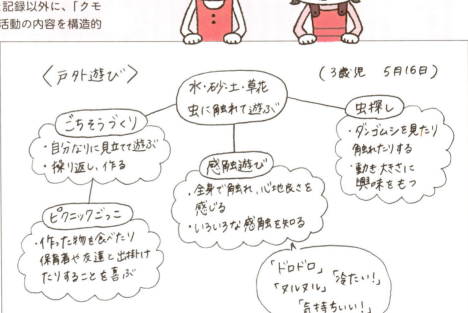

保育における記録の大切さを知ったあなたも、記録を振り返り、更に良い保育につなげてね！

保育者からの記録のお悩み解決コーナー

 Q 何を書けばいいの？

明日の保育に役立てる記録にするためには、どんなことから書き始めたら良いのでしょうか？

 A 場面を捉えて書いていく

毎日、いろいろな出来事があるため、記録を書くことも多くなってしまいます。遊びや生活などの場面ごとに絞って、記録を書いていくようにしましょう。記録ごとに小見出しを付けておくと、後で分かりやすくなりますよ。

例えば、「A児とB児が砂場で楽しそうに遊んでいた」と書いても、子どもたちにとって何が育っているのか、どんな援助をすれば良いのかが分かりません。「遊びのきっかけ」や「関係性」などを具体的に考えていくようにします。また、初めは子どもの遊びの場面を点として捉えていくことから記録しますが、次第に点と点を結んだ線として、様々な場面から読み取れるようにしていきましょう。

❶ きっかけは何だったか？
保育者や友達の遊んでいる姿を見て？
友達に誘われて？

❷ A児とB児の関係は？
いつも一緒にいる間柄？
たまたま同じ場にいた？

❸ 何をして？
穴を掘って水を入れていた？
山を作ってトンネルを掘っていた？

❹ 何を使って？
型抜き？　バケツに水をくんで？
シャベルで？

❺ どんな言葉を発していた？
驚きや喜びの言葉？
A児とB児の間のやり取りは？

❻ 遊んでいる時間は？
5分くらい遊んですぐに別の遊びに？
1時間くらい、じっくりと？

❼ 何を楽しんでいる？
砂や水の感触？　一緒に山を作ること？
水を入れると染み込んでいく不思議さ？

❽ 保育者はどう関わった？
「すごいね！」と受け止めた？
仲間になって遊んだ？

❾ 環境の影響は？
砂場と水場の関係は？
用意されている遊具の種類や量は？

❿ 以前との違いは？
シャベルの扱い方が分かって、周りに砂を飛ばさずに使えるようになった？

など

1章で押さえてきた視点から
このように具体的に
考えていけると良いわね。

記録を書く時間がとれない！

預かり保育の実施率が高くなり、保育も長時間化しています。担当する保育の時間が終わっても、そのほかの時間を担当する教職員と連携をとったり、打ち合わせの時間を捻出したりと、記録の時間をとることが難しくなってきています。また、保育記録を「提出するための書類」と考えていると、負担になってきます。どうすれば良いでしょうか？

A1 決まった時間内に書く

仕事の進め方を考え、いつなら書けるのか、時間を決めると良いでしょう。20分、30分と時間を決めて、視点を絞って書くようにすると良いですね。

明日の保育の計画を立案するには、記録は欠かせません。保育が終わってすぐ、記憶も鮮明なうちに、保育室を片付けなどしながら、振り返りをしておくと効率的ですよ。

A2 付箋やカメラを使う

例えば「夢中になって遊ぶ姿」などをデジタルカメラで撮って印刷し、「何に夢中になっている姿なのか」などを書いて、ほかの保育者に見てもらいます。付箋に気になる点や意見などを書いて貼ってもらうことで、記録を書く時間がなくても、ほかの保育者の意見や見方にふれることができ、話し合いのきっかけにもなります。子どもの育ちをともに考え、喜び合える「成長の歩み」と捉え直しましょう。

 記録の枠に書ききれないときはどうするの？

書きたい内容が項目の枠に収まりきらないことがあります。それでも記録として残しておきたい内容の場合はどうすれば良いですか？

A 書く内容を絞ってみる

書いてはいけないということはないのですが、その日の一つの場面を中心に「計画した内容に対して、子どもたちはどんな反応だったか」や、「明日はこんな遊びを用意してみよう」など、その日最も重要と思われる場面を書くようにすると良いでしょう。

書ききれないことは自分用のノートを作って残しておくと、宝物（保育の補助簿）になると思います。

保護者に子どもたちの様子を伝えたい！

クラス便りなどを定期的に書いていますが、うまく子どもたちの様子を伝えることがなかなかできません。また、最近は外国籍の家庭の子どもも在籍し、保育の様子を伝えることが難しいです。どのような工夫がありますか？

 ## 情報がパッと見て分かるように

　文字だけの記述にとらわれず、子どもの生活・遊び・学びを伝え、園生活の様子（保育の過程）を理解してもらうために、記録を生かす工夫を柔軟に考えましょう。

　動画や写真、子どもの作品や遊びに使っている実物（ごっこ遊びの道具など）を見せて、伝えたいことの情報を絞り紹介していきます。

　外国籍の家庭に対しては言語だけでコミュニケーションを図るのは難しいですね。園全体で受け止めていく協力体制を作り、一人ひとりの子どもの個性を伸ばしていきましょう。

 ## 記録として連絡帳を書きたい！

連絡帳に書いた内容を記録として使うには、どのように記入したら良いですか？
できれば、保護者に寄り添った物を書きたいです！

 ### 子どもの育つ姿をキャッチする！

　日々の子どもたちの様子（夢中になって遊んでいる姿、自分の思いを言葉やしぐさで伝えようとしている姿）や、子どもの良さなどを具体的に記入して、園での様子を伝えます。また、保護者とのやり取りを通して、子育てを支援し、家庭と一緒に成長を喜び合える『子育てパートナー』として信頼関係を育むための最適な手段でもあります。

　「○月頃の子どもの様子はどうだったかな？」と、これまで記入し、残してきた連絡帳を読み返すことにより、一人ひとりの成長・発達の姿をキャッチすることができます。

 ### 保護者をサポートしていくように

　連絡帳のやり取りから、保護者を傷つけてしまったという相談もよく聞きます。そんなときは一人で抱え込まないで、ほかの保育者と相談するようにしましょう。連絡帳の記録から保護者とのやり取りや自分の返答などを振り返ることができるので、相談するときに役立ちます。

　保護者の考えに寄り添い、連絡帳を書いてもらっていることに感謝し、子どもの成長を一緒に考えていけるような信頼関係をつくりましょう。

記録から情報共有ってできる？

いろいろな記録がある中で、どのスタイルが情報共有に使えるのかを知りたいです。

 ### 子ども理解につながる情報共有に！

　記録には様々なスタイルがありますが、どの記録も「子どもの姿」を捉えた内容を書くことで、情報共有に役立ちますよ！　それぞれの記録の特長を生かしていきましょう。

　例えば、エピソード記録は全てを網羅して記録ができず限界もありますが、この記録の特性として「出来事」を捉え、保育者の価値観や願いなどは書きつづることが可能です。一人ひとりの保育者の感じ方や出来事をどのように捉えたかなど、保育者間で情報共有して理解できるように役立てましょう。

 ## 複数担任のときは記録をどう使えばいいの？

複数担任やシフト制でクラスを見ている場合、共有のために話す時間がなかなかとれないのですが、どうすれば良いのですか？

 ### 決まった記録のスタイルで重要な情報を！

　長時間を園で過ごす子どもたちにとって、保育者は心のよりどころです。また、自分のことをよく分かってくれている理解者でもあります。子どもの遊びの様子や葛藤場面での行動、気付きや発見、また保護者からの連絡や健康状態など重要な情報も、保育者間で共有することが大切です。

　保育者の交代勤務などで記録を共有するときは、目的に応じて、園全体で記録スタイルを決めると共有しやすくなります。子どもを軸にして、子どもの心の動きや保護者の思いを共有できる記録を目指しましょう。

「記録」を活用して時間短縮に！

あなたにぴったりの記録は見付かったかな？
楽しみながら記録を書いて保育を充実させましょう！

工夫してみよう！
記録・要録の様式

2章で紹介した記録を試してみませんか？
自分のクラスに合うように工夫してみたり、
このままコピーして使ったりしてみましょう。

チェックリストの生活習慣や発達は子どもたちの年齢や時期に合った項目を立てるようにしましょうね！

個人記録（表型記録） …P.30

歳児　　組	月　　日（　）	天気（　）	出席　　名　欠席　　名	〈欠席理由〉
				〈本日のねらいと内容〉

〈反省・明日の保育に向けて〉

その他〈保護者関係、ケガ、特別支援関係など〉

個人記録（期ごとの記録） …P.31

　歳児　　氏名 _____　　　　　生年月日【　　　　　　】

	４月〜８月	９月〜１２月	１月〜３月
遊びへの興味・関心			
友達関係			
基本的な技能の獲得			
クラス全体の活動			
基本的な生活習慣 （食事、排せつ、衣服の着脱、 手洗い・うがいなど）			
その他・保護者 との連携			
健康・安全・アレルギー （食事・午睡など）			
【保育の目標】			

MAP型記録
…P.32

　歳児　　組　　　　　　　　　　　　　　　月　　　日　（　　）　　　天候：　　　出席：　　名　　欠席：　　名

1日の流れ

　　　行事等

保育室マップ

チェックリスト（生活習慣）
…P.41

4歳児　　月　　身辺自立チェックリスト

○：身についている　　△：自分でしようとしている　　空欄：意識が見えない（経験がない）

名前	着脱（靴）			着脱（衣服）			清潔・排泄			食事			道具の扱い						社会性		
	立って履き替えられる	左右正しく履ける	靴のしまい方	バッチの付けはずしができる	自分で脱ぎ着できる	きれいに畳める	手洗い・うがいができる	用便が自分でできる	和式で用を足せる	立ち歩かない	こぼさないように食べる	箸を持って来る	のりの扱い	ハサミを正しく持てる	ハサミを正しく持ち歩ける	ステープラーを使える	傘を丸められる	自分から挨拶をする	片付けをする	集合時に集まって座る

チェックリスト（子どもの発達）…P.40

エ夫してみよう！記録・要録の様式

発達及び経過記録　　児童名：＿＿＿＿＿＿＿＿＿＿

（おおむね6か月から9か月）

	発達の姿	月齢	経過記録 （子どもの姿）
体と心の健康	離乳食（初期～中期）のいろいろな食べ物の味や形態に慣れる。	：	
	食べ物、食器を見ると喜ぶ。	：	
	嫌がらずに顔や手を拭いてもらう。	：	
	おむつが汚れたら嫌がらずに取り替えてもらう。	：	
	眠いときは安心して眠り、睡眠時間が安定してくる。	：	
	積極的に寝返りやずり這いをして移動する。	：	
	腹ばいになって手のひらで上半身を支え、後ずさりしたり回ったりする。	：	
	支えられると一人で座っていられる。	：	
	顔に掛けられた布を手で払う。	：	
		：	
人との関わり	名前を呼ばれると呼んだ人の方を見る。	：	
	声を掛けられたり、目が合ったりするとよく笑う。	：	
	特定の保育者と十分に触れ合い、安定した気持ちで過ごす。	：	
	保育者に見守られ、安全な場所で過ごす。	：	
	不快が、怒り・嫌悪・恐れに分化する。	：	
	人見知りが始まる。	：	
		：	
遊び	見えた物に興味を示し、なめたりかじったりする。	：	
	身近にある物をつかみ、左右の手で玩具を持ち替えて遊ぶ。	：	
	音の鳴る玩具を握って振ったりたたいたりして音を出す。	：	
	物を引っ張ったり、つまんだりする。	：	
	保育者の歌うわらべうたなどを聞いて喜ぶ。	：	
	要求があると声を上げる。	：	
	機嫌の良いときは盛んに喃語を発する。	：	
	遊んでもらいたいという思いを身振り手振りで表す。	：	
		：	

要録（参考資料） …P.62〜67

①　幼稚園幼児指導要録（学籍に関する記録）

別添資料1
（様式の参考例）

幼稚園幼児指導要録（学籍に関する記録）

②　幼稚園幼児指導要録（最終学年の指導に関する記録）

（様式の参考例）

幼稚園幼児指導要録（最終学年の指導に関する記録）

※出典　「保育所保育指針の適用に際して留意事項について」「幼稚園及び特別支援学校幼稚園部における指導要録の改善について（通知）」より
「幼保連携型認定こども園園児指導要録の改善及び認定こども園要録の作成等に関する留意事項等について（通知）」

工夫してみよう！記録・要録の様式

❸ 幼稚園幼児指導要録（指導に関する記録）

（様式の参考例）

幼稚園幼児指導要録（指導に関する記録）

ふりがな 氏名	平成　年　月　日生		指導の重点等	平成　年度	平成　年度	平成　年度
				（学年の重点）	（学年の重点）	（学年の重点）
性別				（個人の重点）	（個人の重点）	（個人の重点）

	ねらい（発達を捉える視点）	指導上参考となる事項			
健康	明るく伸び伸びと行動し、充実感を味わう。				
	自分の体を十分に動かし、進んで運動しようとする。				
	健康、安全な生活に必要な習慣や態度を身に付け、見通しをもって行動する。				
人間関係	幼稚園生活を楽しみ、自分の力で行動することの充実感を味わう。				
	身近な人と親しみ、関わりを深め、工夫したり、協力したりして一緒に活動する楽しさを味わい、愛情や信頼感をもつ。				
	社会生活における望ましい習慣や態度を身に付ける。				
環境	身近な環境に親しみ、自然と触れ合う中で様々な事象に興味や関心をもつ。				
	身近な環境に自分から関わり、発見を楽しんだり、考えたりし、それを生活に取り入れようとする。				
	身近な事象を見たり、考えたり、扱ったりする中で、物の性質や数量、文字などに対する感覚を豊かにする。				
言葉	自分の気持ちを言葉で表現する楽しさを味わう。				
	人の言葉や話などをよく聞き、自分の経験したことや考えたことを話し、伝え合う喜びを味わう。				
	日常生活に必要な言葉が分かるようになるとともに、絵本や物語などに親しみ、言葉に対する感覚を豊かにし、先生や友達と心を通わせる。				
表現	いろいろなものの美しさなどに対する豊かな感性をもつ。				
	感じたことや考えたことを自分なりに表現して楽しむ。				
	生活の中でイメージを豊かにし、様々な表現を楽しむ。				

出欠状況		年度	年度	年度	備考			
	教育日数							
	出席日数							

学年の重点：年度当初に、教育課程に基づき長期的な見通しとして設定したものを記入
個人の重点：1年間を振り返って、当該幼児の指導について特に重視してきた点を記入
指導上参考となる事項：
(1) 次の事項について記入すること。
　　①1年間の指導の過程と幼児の発達の姿について以下の事項を踏まえ記入すること。
　　・幼稚園教育要領第2章「ねらい及び内容」に示された各領域のねらいを視点として、当該幼児の発達の実情から向上が著しいと思われるもの。
　　　その際、他の幼児との比較や一定の基準に対する達成度についての評定によって捉えるものではないことに留意すること。
　　・幼稚園生活を通して全体的、総合的に捉えた幼児の発達の姿。
　　②次の年度の指導に必要と考えられる配慮事項等について記入すること。
(2) 幼児の健康の状況等指導上特に留意する必要がある場合等について記入すること。
備考：教育課程に係る教育時間の終了後等に行う教育活動を行っている場合には、必要に応じて当該教育活動を通した幼児の発達の姿を記入すること。

別紙資料1
（様式の参考例）

保育所児童保育要録（入所に関する記録）

児　童	ふりがな 氏　名		性　別	
		年　　　月　　　日生		
	現住所			
保護者	ふりがな 氏　名			
	現住所			
入　所	年　　　月　　　日	卒　所	年　　　月　　　日	
就学先				
保育所名 及び所在地				
施　設　長 氏　　　名				
担当保育士 氏　　　名				

工夫してみよう！記録・要録の様式

⑤ 保育所児童保育要録（保育に関する記録）

（様式の参考例）

保育所児童保育要録（保育に関する記録）

本資料は、就学に際して保育所と小学校（義務教育学校の前期課程及び特別支援学校の小学部を含む。）が子どもに関する情報を共有し、子どもの育ちを支えるための資料である。

ふりがな 氏名		保育の過程と子どもの育ちに関する事項	最終年度に至るまでの育ちに関する事項
		（最終年度の重点）	
生年月日	年　月　日		
性別		（個人の重点）	

ねらい（発達を捉える視点）

		（保育の展開と子どもの育ち）
健康	明るく伸び伸びと行動し、充実感を味わう。	
	自分の体を十分に動かし、進んで運動しようとする。	
	健康、安全な生活に必要な習慣や態度を身に付け、見通しをもって行動する。	
人間関係	保育所の生活を楽しみ、自分の力で行動することの充実感を味わう。	
	身近な人と親しみ、関わりを深め、工夫したり、協力したりして一緒に活動する楽しさを味わい、愛情や信頼感をもつ。	
	社会生活における望ましい習慣や態度を身に付ける。	
環境	身近な環境に親しみ、自然と触れ合う中で様々な事象に興味や関心をもつ。	
	身近な環境に自分から関わり、発見を楽しんだり、考えたりし、それを生活に取り入れようとする。	
	身近な事象を見たり、考えたり、扱ったりする中で、物の性質や数量、文字などに対する感覚を豊かにする。	
言葉	自分の気持ちを言葉で表現する楽しさを味わう。	
	人の言葉や話などをよく聞き、自分の経験したことや考えたことを話し、伝え合う喜びを味わう。	
	日常生活に必要な言葉が分かるようになるとともに、絵本や物語などに親しみ、言葉に対する感覚を豊かにし、保育士等や友達と心を通わせる。	
表現	いろいろなものの美しさなどに対する豊かな感性をもつ。	
	感じたことや考えたことを自分なりに表現して楽しむ。	（特に配慮すべき事項）
	生活の中でイメージを豊かにし、様々な表現を楽しむ。	

幼児期の終わりまでに育ってほしい姿

※各項目の内容等については、別紙に示す「幼児期の終わりまでに育ってほしい姿について」を参照すること。

健康な心と体
自立心
協同性
道徳性・規範意識の芽生え
社会生活との関わり
思考力の芽生え
自然との関わり・生命尊重
数量や図形、標識や文字などへの関心・感覚
言葉による伝え合い
豊かな感性と表現

保育所における保育は、養護及び教育を一体的に行うことをその特性とするものであり、保育所における保育全体を通じて、養護に関するねらい及び内容を踏まえた保育が展開されることを念頭に置き、次の各事項を記入すること。
○保育の過程と子どもの育ちに関する事項
＊最終年度の重点：年度当初に、全体的な計画に基づき長期の見通しとして設定したものを記入すること。
＊個人の重点：1年間を振り返って、子どもの指導について特に重視してきた点を記入すること。
＊保育の展開と子どもの育ち：最終年度の1年間の保育における指導の過程と子どもの発達の姿（保育所保育指針第2章「保育の内容」に示された各領域のねらいを視点として、子どもの発達の実情から向上が著しいと思われるもの）を、保育所の生活を通して全体的、総合的に捉えて記入すること。その際、他の子どもとの比較や一定の基準に対する達成度についての評定によって捉えるものではないことに留意すること。あわせて、就学後の指導に必要と考えられる配慮事項等について記入すること。別紙を参照し、「幼児期の終わりまでに育ってほしい姿」を活用して子どもに育まれている資質・能力を捉え、指導の過程と育ちつつある姿をわかりやすく記入するように留意すること。
＊特に配慮すべき事項：子どもの健康の状況等、就学後の指導において配慮が必要なこととして、特記すべき事項がある場合に記入すること。
○最終年度に至るまでの育ちに関する事項
子どもの入所時から最終年度に至るまでの育ちに関し、最終年度における保育の過程と子どもの育ちの姿を理解する上で、特に重要と考えられることを記入すること。

❻ 幼保連携型認定こども園園児指導要録（学籍等に関する記録）

（様式の参考例）

別添資料

幼保連携型認定こども園園児指導要録（学籍等に関する記録）

年度	平成 年度	平成 年度	平成 年度	平成 年度
区分				
学 級				
整理番号				

園児	ふりがな		
	氏 名		性 別
		平成 年 月 日生	
	現住所		
保護者	ふりがな		
	氏 名		
	現住所		

入 園	平成 年 月 日	入園前の状況
転入園	平成 年 月 日	
転・退園	平成 年 月 日	進学・就学先等
修 了	平成 年 月 日	

園名及び所在地	

年度及び入園（転入園）の年齢	平成 歳 か月	平成 歳 か月	平成 歳 か月
園長 氏名 印			
担当者 氏名 印			

年度及び園児の年齢	平成 歳 か月	平成 歳 か月	平成 歳 か月
園長 氏名 印			
学級担任者 氏名 印			

---

❼ 幼保連携型認定こども園園児指導要録（最終学年の指導に関する記録）

（様式の参考例）

幼保連携型認定こども園園児指導要録（最終学年の指導に関する記録）

ふりがな 氏 名		平成 年度
	平成 年 月 日生	（学年の重点）
性別		（個人の重点）

工夫してみよう！**記録・要録の様式**

8
幼保連携型認定こども園園児指導要録（指導等に関する記録）

(様式の参考例)

幼保連携型認定こども園園児指導要録（指導等に関する記録）

ふりがな 氏名		性別		指導の重点等	平成　　年度 (学年の重点)	平成　　年度 (学年の重点)	平成　　年度 (学年の重点)
平成　　年　月　日生					(個人の重点)	(個人の重点)	(個人の重点)

ねらい（発達を捉える視点）		指導上参考となる事項			
健康	明るく伸び伸びと行動し、充実感を味わう。				
	自分の体を十分に動かし、進んで運動しようとする。				
	健康、安全な生活に必要な習慣や態度を身に付け、見通しをもって行動する。				
人間関係	幼保連携型認定こども園の生活を楽しみ、自分の力で行動することの充実感を味わう。				
	身近な人と親しみ、関わりを深め、工夫したり、協力したりして一緒に活動する楽しさを味わい、愛情や信頼感をもつ。				
	社会生活における望ましい習慣や態度を身に付ける。				
環境	身近な環境に親しみ、自然と触れ合う中で様々な事象に興味や関心をもつ。				
	身近な環境に自分から関わり、発見を楽しんだり、考えたりし、それを生活に取り入れようとする。				
	身近な事象を見たり、考えたり、扱ったりする中で、物の性質や数量、文字などに対する感覚を豊かにする。				
言葉	自分の気持ちを言葉で表現する楽しさを味わう。				
	人の言葉や話などをよく聞き、自分の経験したことや考えたことを話し、伝え合う喜びを味わう。				
	日常生活に必要な言葉が分かるようになるとともに、絵本や物語などに親しみ、言葉に対する感覚を豊かにし、保育教諭等や友達と心を通わせる。				
表現	いろいろなものの美しさなどに対する豊かな感性をもつ。				
	感じたことや考えたことを自分なりに表現して楽しむ。				
	生活の中でイメージを豊かにし、様々な表現を楽しむ。		(特に配慮すべき事項)	(特に配慮すべき事項)	(特に配慮すべき事項)	

出欠状況		年度	年度	年度
	教育日数			
	出席日数			

【満3歳未満の園児に関する記録】

園児の育ちに関する事項	平成　　年度	平成　　年度	平成　　年度	平成　　年度

学年の重点：年度当初に、教育課程に基づき長期の見通しとして設定したものを記入
個人の重点：1年間を振り返って、当該園児の指導について特に重視してきた点を記入
指導上参考となる事項：
　(1)次の事項について記入
　　①1年間の指導の過程と園児の発達の姿について以下の事項を踏まえ記入すること。
　　・幼保連携型認定こども園教育・保育要領に示された養護に関する事項を踏まえ、第2章第3の「ねらい及び内容」に示された各領域のねらいを視点として、当該園児の発達の実情から向上が著しいと思われるもの。
　　　その際、他の園児との比較や一定の基準に対する達成度についての評定によって捉えるものではないことに留意すること。
　　・園生活を通して全体的、総合的に捉えた園児の発達の姿。
　　②次の年度の指導に必要と考えられる配慮事項等について記入すること。
　(2)「特に配慮すべき事項」には、園児の健康の状況等、指導上特記すべき事項がある場合に記入
園児の育ちに関する事項：当該園児の、次の年度の指導に特に必要と考えられる育ちに関する事項や配慮事項、健康の状況等の留意事項等について記入

著者

『月刊 保育とカリキュラム』編集委員

大竹　節子（おおたけ　せつこ）
元・東京都品川区立二葉すこやか園園長

岩城　眞佐子（いわき　まさこ）
元・東京都中央区立月島幼稚園園長

坂場　美枝子（さかば　みえこ）
東京都北区教育委員会

事例協力

東京都中央区立月島幼稚園
東京都千代田区立麹町幼稚園
東京都千代田区立番町幼稚園　ほか

※所属は執筆時のものです。
※本書は、『月刊 保育とカリキュラム』2018年2月号別冊附録を一部修正・加筆し、単行本化したものです。

STAFF
- 本文デザイン／柳田尚美（N/Y graphics）
- 本文イラスト／たかぎ＊のぶこ・常永美弥・とみたみはる・Meriko・やまざきかおり
- 校正／永井一嘉・中井 舞（pocal）
- 企画・編集／松尾実可子・井家上 萌・北山文雄

本書のコピー、スキャン、デジタル化等の無断複製は著作権法上での例外を除き禁じられています。本書を代行業者等の第三者に依頼してスキャンやデジタル化することは、たとえ個人や家庭内の利用であっても著作権法上認められておりません。

保カリBOOKS ㊳

誰でもたのしく書ける!
まるわかり 保育の記録

2018年11月　初版発行

著　者	大竹節子・岩城眞佐子・坂場美枝子
発行人	岡本 功
発行所	ひかりのくに株式会社

〒543-0001　大阪市天王寺区上本町3-2-14
TEL06-6768-1155　郵便振替00920-2-118855

〒175-0082　東京都板橋区高島平6-1-1
TEL03-3979-3112　郵便振替00150-0-30666

ホームページアドレス　http://www.hikarinokuni.co.jp

印刷所　大日本印刷株式会社

©Setsuko Otake, Masako Iwaki, Mieko Sakaba 2018
乱丁、落丁はお取り替えいたします。

Printed in Japan
ISBN978-4-564-60918-3
NDC376 88P 26×21cm